疑問をほどいて失敗をなくす

公務員の仕事の授業

【塩浜克也・米津孝成 著】

学陽書房

はじめに
「どうしたら？」を「こうすれば！」に

この本を手に取られた方は、どんな方でしょうか。

大学を卒業されて地元の自治体に入庁された方、民間企業に勤められた経験を持つ方、最近では法科大学院を卒業され法律に詳しい方も少なくないでしょう。

そんな皆さん、日ごろのお仕事を振り返ってみて、どうでしょう。

先輩方に仕事の内容を教えていただく中、「なんでかな？」「もうちょっと説明が欲しいな」、そんな風に思うことはありませんか？

私たちは、あなたのような方に向けてこの本を書きました。

この本の著者二人は、いずれも30歳前後になってから市役所に入庁しました。入庁前にそれなりに社会人としての経験を積んだつもりでしたが、独特の「役所の仕組み」「役所のルール」がわからなくて、少なからず戸惑ったことを思い出します。

新たに採用される職員の方々を見ると、自分たちが苦労した状況がそれほど変わっているとも思えません。いや、社会構造が複雑化する一方、国からの権限移譲が進んで自治体の役割は大きくなってきており、職員の育成に余裕のない現場では、「育てるより育て！」の要請がますます強くなっているかもしれません。

そんな日々の困惑に対しお役に立てればと、本書では、入庁したばかりの方が戸惑うであろう仕事の「どうしたら？」を取り上げました。公務員としての心がけから財務や法律などの基礎的な事項まで、幅広い範囲にわたって解説しています。

各項目の「★」の数は、重要度を示しています。★3つのものは1年目の職員も必須、★1つのものは5年目くらいには理解しておきたい内容です。若手の方々だけではなく、ある程度の経験を経た職員の方や、公務員になろうかな、やっていけるかなと不安な方も、ぜひ本書を手に取ってください。

それではページをめくって、仕事の「どうしたら？」を「こうすれば！」に変えていきましょう！

2019年11月

5時間目 公務員の基礎知識 法律編

〈本書の注意点〉

○本書では、地方自治法について下記の通り略記しています。

例）地方自治法第4条1項　↓　（法4―1）

○本書では、段階別に「押さえておいて欲しい知識」を★印で示しています。勉強する上での指標にしてみてください。

★★★　…　入庁したばかりの新人も理解しておきたい内容

★★☆　…　3年目くらいまでに理解しておきたい内容

★☆☆　…　5年目くらいまでに理解しておきたい内容

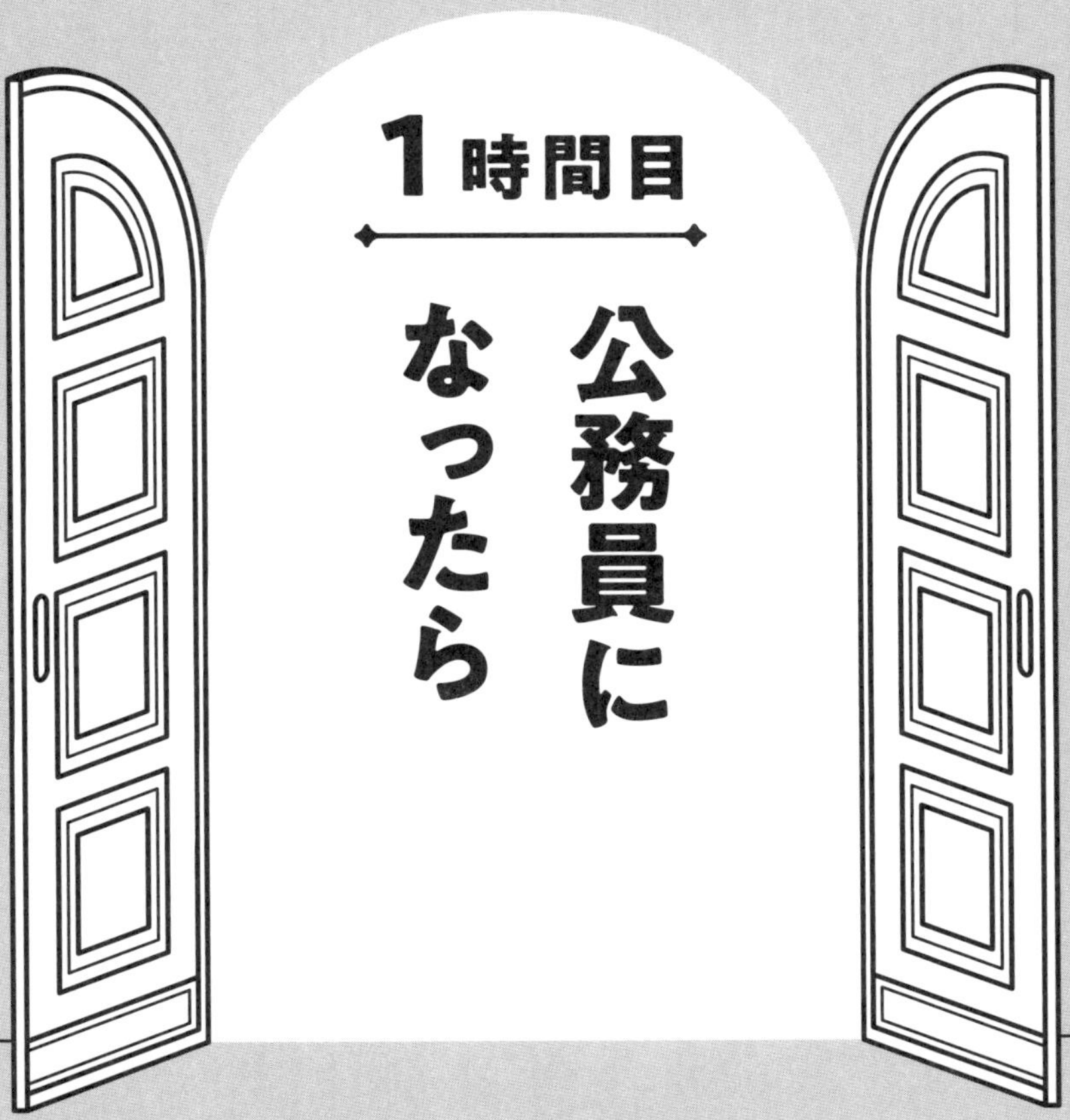

1時間目

公務員になったら

地方公務員とは一体どんな職業なのでしょう。
保障は？　義務は？　配属先は希望できるの？
地方公務員としての第一歩は、あなた自身の立ち位置を知るところから始めましょう。

01

地方公務員ってどんな職業？

地方公務員制度の概要

地方公務員法

★★★

▽ようこそ地方公務員の世界へ

みなさんは、これまで、地域の住民の一人として、行政サービスを受け、納税等の義務を果たしてきました。役所の窓口で住民票の交付を受け、住民税を納め、丁寧な職員に案内され、態度の悪い職員にイラっとしたこともあったかもしれません。

そして、自治体の採用試験に合格して職員となった今、新たに地方公務員という地位を手に入れました。これからは、行政サービスを提供し、税を徴収し、住民から仕事ぶりを見られ、時にはクレームを受けることになります。

職員になったからといって住民でなくなるわけではありませんが、地方公務員という地位を得たことで、あなたには目に見えない形でいろいろな変化が起こっています。地方公務員になるということには、どんな意味があるのでしょうか。まずは、あなたの立ち位置から見ていきましょう。

なお、この項では、特に断りない限り、引用する条文は地方公務員法の条文とします。

▽そもそも公務員とは

「公務員」とは、国と地方公共団体の職員のことをいい、「地方公務員」とは、地方公共団体のすべての公務員のことをいいます（2条）。

公務員は、「全体の奉仕者」（憲法15条2項）として「公共の利益のために勤務し、且つ、職務の遂行に当つては、全力を挙げてこれに専念しなければならない」（30条）という義務を負っています。

地方公務員の任用、給与、勤務時間、身分保障などに関する根本的な基準は、**地方公務員法**に定められています。また、自治体職員の一般的な職については**地方自治法**に定められています。

▽公務員の身分保障と義務

地方公務員には、安心して仕事に専念するための「**身分保障**」が及び、仕事を適正に行い、住民の信頼を確保するための「**服務上の義務**」が課せられています。具体的な身分保障、服務上の義務と義務違反に対する制裁について見ていきましょう。

(1) 身分保障

地方公務員は、根拠も理由もなく職を奪われないという地位が保障されています。地方公務員の地位の安定は、公務の中立性・安定性の確保につながります。

ただし、公務の効率性を維持するため、**免職**（身分を失わせる処分）、**降任**（現職よりも下位の職につける処分）、**休職**（職務を休ませる処分）、**降給**（給与の等級を下げる処分）の処分が課されることがあります。これらの処分を**分限処分**といいます（28条）。

(2) 服務上の義務

地方公務員には、次の義務が課されます（30条～38条）。

①**職務上の義務**　服務の宣誓、法令等に従う義務、職務専念義務など

②**身分上の義務**　信用失墜行為の禁止、守秘義務、政治的行為の制限、争議行為等の禁止、営利企業への従事等の制限など

(3)義務違反に対する制裁

①法令に違反した場合、②職務上の義務に違反し、又は職務を怠った場合、③全体の奉仕者としてふさわしくない非行があった場合に、制裁として課される処分を**懲戒処分**といいます（29条）。懲戒処分には、**免職**、**停職**（職務に従事させない処分）、**減給**（給与を減額して支給する処分）、**戒告**（規律違反の責任を確認し、将来を戒める処分）があります。

なお、懲戒処分は行政処分（3時間目3参照）に当たるので、処分に不服がある場合には審査請求を提起することができます（3時間目3参照）。一方、**訓告**や**厳重注意**は、法的には行政処分には当たらないので、審査請求の対象にはなりません。

▽公務員の「やってはいけない」

義務違反行為の例としては、**暴行**、**傷害**、**窃盗**、**文書偽造**、**収賄**、**違法薬物の所持**、**痴漢**、**盗撮**、**飲酒運転**など刑法犯として処罰される可能性のある行為や職員に対する嫌がらせ行為（**セクハラ**、**パワハラ**など）があります。また、所属する自治体の区域での投票の勧誘（政治的行為）や無許可でのアルバイト（営利企業への従事）が問題となることもあります。

例えば、居酒屋で同僚とお酒を飲んでいるときに、他の客にも聞こえる中で業務上知った住民の個人情報をうっかり話してしまうと、守秘義務違反として懲戒処分の対象となると同時に、秘密を漏らす罪に問われる可能性があります。どのような行為にどのような処分が科せられるかについては、自治体ごとに、服務に関する規程や懲戒処分・分限処分の指針で整理がされています。どのような行為が「やってはいけない」行為なのかを再確認するため、最低でも年に一度は読み直しておくと良いでしょう。

▽義務違反行為の落とし穴に陥らないために

懲戒処分を受けると、職位、給与、年金などの面で公務員人生に大きな影響が出ますし、職場でも居づらくなってしまいます。そうしたことは自治体の職員なら誰でも知っているはずなのに、どうして義務違反行為はなくならないのでしょうか。

その原因は、職員の気持ちのどこかに、「自分は大丈夫」「自分には関係ない」という油断があるからです。自分の行為が義務違反行為に当たると自覚できないまま義務違反行為の落とし穴に陥ってしまっているのです。職員の行為は、**「自分ではこう思っていた」**ではなく、**「周囲からこう見られた」**という側面から評価されます。そのことを忘れず、普段から自分の振る舞いを振り返るよう心がけましょう。

02

公務員は今日と今年をどう過ごす？

スケジュール管理の基本

会計年度・暦年

★★★

▽さて、今日は何をしよう？

入庁したばかりの頃や新しい部署に異動したばかりの頃、朝、自席に着いて、「さて、今日は何をしよう？」とぼうぜんとしたことはありませんか？

これは、業務の流れの中で、「自分が今どこにいるのか」が見えていないことが原因かもしれません。自治体のスケジュールの中での自分がいる場所を把握できると、やるべきことの漏れやミスを防ぐだけでなく、仕事のモチベーションを維持することにも役立ちます。

▽自治体のスケジュール

自治体運営の軸となるスケジュールは、**会計年度**か**暦年**のいずれかをベースとして作られています。あなたの業務も、このスケジュールの中に位置付けられています。

(1) 会計年度

自治体の会計（お金の管理）は、４月１日から３月31日までの１年単位で計算されています。この期間を「会計年度」（法２０８条１項）といい、会計年度中の歳出（出費）は、会計年度中の歳入収入を充てることとされています（**会計年度独立の原則**。同条２項）。

なお、事業の始まりから終わりまでの区切りを「事業年度」ということがありますが、事業年度は、株式会社など私法人の会計の区切りを示す用語であって、本来は、自治体に関する用語ではありません。

(2) 暦年

1月1日から12月31日までの期間を「暦年」といいます。文字通り、暦による1年間です。

議会の定例会の名称（○年第○回定例会）や、条例の番号（○年条例第○号）は、一般的に暦年でカウントされます。議会の1年は、会計年度の開始前に、予算の審議（2月～3月頃）から始まります。そこで議会では、会計年度ではなく暦年を軸にスケジュールが組まれています。

▽業務のスケジュールを左右する要素

会計年度や暦年の中で、業務のスケジュールを左右する要素は2つあります。

(1) 議会の議決

業務の中に「議会の議決を要する事項」（6時間目4参照）が含まれている場合には、議会の流れをスケジュールに組み込まなくてはいけません。条例案の場合、おおよそ次のような順序で進むことになります。（図表1－1）

【図表 1-1】
議会の流れ

①**条例案の作成**（所管課での分析、法規担当部署との調整など）
↓
②**内外部の手続**（審議会、パブリックコメント、検察協議など）
↓
③**議案を提案する手続**（総務担当部署との調整、印刷、配布など）
↓
④**議会の審議**（本会議での審議、委員会での審査、本会議での議決など）
↓
⑤**条例の公布**（条例が成立したことを住民等に知らせること）・**施行**（条例の運用を開始すること）の**手続**

(2) 予算措置

翌年度予算の策定は、自治体の大きなイベントの一つです。前年度の決算（支出入の集計）の終了後、その内容や本年度の執行状況（どの程度支出入が行われているか）を踏まえ、翌年度予算の準備が始まります。新年度に入って役所の各部署で予算に基づく収入・支出が行われた後は、決算が監査委員の審査と議会の認定に付されます。（図表1－2）

【図表 1-2】
予算の流れ

①**新年度予算の見積もり開始**（10月～11月）
↓
②財政部局における要求内容の精査、長による**予算案の決定**（11月～翌年1月）
↓
③議会における**予算案の審議及び可決**（翌年2月～3月）
↓
④**予算の執行**（翌年4月～翌々年3月）、**出納閉鎖**（翌々年5月）
↓
⑤監査委員の**決算審査**（翌々年7月～8月）議会の**決算認定**（翌々年9月～10月）

例えば、条例改正を担当する場合、議会の議決を受けることが大きな目標になります。しかし、そこに至るまでには、改正案の作成、パブリックコメントの実施、議案の印刷など、数々の小目標が待ち受けています。自分が今、大目標に向けたどの地点にいて、小目標のためのどんな事務をしているのかを見失わなければ、少なくとも、朝からぼうぜんとすることはなくなるはずです。

▽各課のスケジュールとの関係

自治体全体のスケジュールとは別に、みなさんが所属する課にも必ず業務のスケジュールがあります。両者は、密接に結びつくこともあれば直接は結びつかないこともあります。いずれにしても、一つの課に複数のスケジュールが併存するわけですから、一方に専念しすぎると他方がおろそかになりがちです。2系統のスケジュール表を用意するなど、担当する業務に応じて自分なりに工夫しておく必要があります。

▽「段取り八分・仕事二分」

「段取り八分・仕事二分」という言葉があります。仕事の成否の8割は段取りで決まるという仕事術の格言です。スケジュール管理のミスは、仕事全体の失敗につながる危険性が高いので、それを防ぐため、次の3点を押さえておきましょう。

(1) 最終的な目的地から逆算して事務の工程表を作成する

まず今日やるべきことが見つかります。目的意識が明確となり、ばくぜんと取り組むよりもモチベーションが上がります。ただし、必要に応じて見直すことも忘れずに。

(2) やるべきことの優先順位を付ける

仕事にメリハリがつき、事務を効率的に進めることに役立ちます。ただし、優先順位の判断は簡単ではないので、上司や先輩ともよく相談しておくと安心です。

(3) 第三者（上司、同僚など）とスケジュールを共有する

事務の見落としや抱えすぎによるパンクを防ぎます。また、全体の事務の流れの中での自分の立ち位置が明確になります。

公務員のマナー

★★★

03

あなたは住民から見られている？

クレームを防ぐ心構え

▽職員は住民から見られている

どこの自治体でも、「職員は、身だしなみ、言葉遣い、振る舞いに注意しましょう」などという注意喚起が盛んに行われています。それにもかかわらず、職員のマナーに関する住民からのクレームは、後を絶ちません。

クレームを招こうと思って仕事をしている職員なんていないはずなのに、どうしてクレームはなくならないのでしょう。

▽原因は、住民と職員の意識のズレ

クレームは、多くの場合、**職員を見る側（住民）と見られる側（職員）との間の意識の「ズレ」**から生まれます。住民と職員とは立場が違うので、意識のズレがあること自体はやむをえません。注意したいのは、住民が気付いているのに職員は気付いていない意識のズレこそが、クレームにつながる「悪いズレ」であるということです。

クレームを防ぐには、普段から、住民と職員との間には意識のズレがあるということを念頭に置いて、ズレを補うような心遣いに努めるしかありません（このような心がけは、セクハラやパワハラの防止にも役立ちます）。

▽意識のズレをクレームに発展させない行動の3箇条

(1)他の職員がやっている「やるべきこと」は、自分もやる

住民から見て、「やるべきこと」をやっていない職員は目立ちます。住民対応が上手な職員を手本に、あいさつや会釈をはじめとして、職員が当然に「やるべきこと」は確実に身に付けましょう。

(2)他の職員がやらない「やるべきではないこと」は、自分もやらない

「やるべきではないこと」をやっている職員は、もっと目立ちます。他の職員の失敗例は貴重な教材なので、過去に自治体が受けたクレームの実例も参考にしてみましょう。

(3)慣れやあきらめで行動を変えない

職員になったばかりの頃はできていたのに、段々とやらなくなってきたこと、ありませんか?「煩わしいから」「先輩もやってないから」「どうせ見られてないから」などという気持ちの隙から意識のズレが生まれます。

▽意識のズレをクレームに発展させない心構えの3箇条

(1)印象とは全身から発せられるものと心得る

クレームの中には、目つきや表情、話し方に対する苦情も少なくありません。住民から見られているのは、目や手といった個々のパーツではなく、その人の立ち居振る舞い全体であることを意識しましょう。

(2)自分を振り返る機会をつくるべきと心得る

職員のマナーは「見せるマナー」ではなく「見られるマナー」です。他の自治体やプライベートで訪れた店舗でサービスを受けるときには、相手方のマナーを通して普段自分がどう見られているのかを振り返ってみると、きっと発見があります。

(3)「できた」と「できるようになった」とは違うと心得る

マナーとは、その時1回上手くできれば良いというものではありません。いつでもマナーに沿った立ち居振る舞いができるように身に付けなくてはいけません。

▽身に付けてこそ、マナー

自然なマナーは、誰に対しても真心を持って接するよう心がけることで身に付きます。そして、マナーに沿った自然な立ち居振る舞いは、あなた自身だけでなく、あなたの自治体や公務員全体に対する信頼も向上させます。

04

困ったときはどうすれば？

窓口対応のポイント

窓口対応・
行政対象暴力
★★☆

▽イライラの地雷はどこに？

窓口で丁寧な対応をしなければいけないことはもちろんですが、対応に苦慮する局面は避けられません。

「あたえられるべきものが、あたえられない」「自分だけ不利益を受けている」そのように感じた時に、人の感情の針はマイナスに振れるようです。読者の皆さんも、身に覚えがありませんか？

役所の窓口にも、「待たされる時間が長い」「書類の不足を指摘される」などイライラの地雷は埋まっています。

▽共感とタイミング

窓口でお客さんが感情を爆発させても、その原因は対応したあなたではなく、「**事態をめぐる状況**」であると考えると、心理的な負担も多少は軽減するのではないでしょうか。

人は感情を爆発させても、ずっと怒ってはいられないといいます。相手が怒っているときに「いや、それはですね」と切り出しても、おそらく話題はかみ合いません。感情が高ぶっているときは共感を示し、少々落ち着いてきたタイミングをみて、「なるほどご事情はわかりますが……」など、丁寧に切り出すと説明の糸口が探れます。

▽「怒りたい人」にどう対応するか

電話を取ると、いきなり厳しい口調でお叱りを受けることがあります。組織で仕事をしていると、自分に非がなくても、ある程度やむをえない事態といえます。「テレビで役所の不祥事をみた」「役所の特定の政策に反対だ」など、いろいろな理由があると思います。

求められる説明は行うべきですが、相手に「怒りたい」という動機がある場合は、説明して「なんだ、そう言ってくれればよいのに」と納得してもらえることは、残念ながらあまりありません。対応に当たっては、役所の公式な見解を説明するしかないと、割り切らざるを得ない場合があります。

▽「譲れない一線」を明確にしておく

相手方から一方的な主張をされる場合は、応答をしながらも、絶対に譲れない一線は守る必要があります。

コツを一つ伝授しましょう。**立場上「ここは譲れない」という内容を紙に書いて、対応の際は、折に触れて確認する**のです。電話であれば近くのメモに、直接の交渉の際は手帳の余白に、「本人以外に証明書は出せない」などと書いておくのです。

ある程度の時間にわたって相手の一方的な主張を受けていると、聞いている人間の判断基準が揺らいでしまうことがあります。「絶対に譲れない一線」を確認できるようにすることで、対応の際の足場を固めておくわけです。

▽窓口で度を越した行為が行われる場合は

残念な話ですが、「行政対象暴力」ということばも、一般的になってしまいました。物理的な暴力に至らなくても、窓口で威嚇するように大声を出される場合もあります。大事なことは、**困難な事案を個人で抱え込まない**ことです。対応に苦慮する場合は、タイミングを見て他の人間に代わるなど、組織での対応が必要です。

可能であれば、あらかじめ「当方の対応に間違いがあっては困りますので、念のため録音させていただきます」と言って、録音機を相手に提示してもよいでしょう。抑止力になる場合があります。

場合によっては、警察との連携を考える必要もあります。なお、警察への相談の際は、窓口での対応の記録（対応した日時、要した時間、概要など）が必要です。トラブルの気配を感じたら、記録は積極的に残しておきましょう。

05

希望と違う配属先になってがっかり？

人事異動の乗り切り方

人事異動

★★☆

▽配属先にがっかり？　それとも楽しみ？

専門職などを別にすると、最初の配属先は、希望した部署や得意分野の部署よりも、そうではない部署になることのほうが多いようです。その後の配置転換についても、希望が反映されるとは限りません。

自治体の職員は、平均して3年から5年で異動するので、仮に35年間勤めるとすると、採用から退職までに10回以上の異動を経験する可能性があります。

異動の度に一喜一憂する前に、人事異動の意義について押さえておきましょう。

▽人事異動とは

「人事異動」とは、**職員の地位や職場が変わること**をいいます。広い意味では、採用から最初の配属、その後の配置転換、昇任、懲戒処分、退職までを幅広く含みます。ここでは、最初の配属と配置転換を取り上げます。

自治体は、採用が決まったあなたに対し、社会人として、公務員として、職員としての適性を見極め、同時に、業務の進め方、組織の仕組み、住民対応などを基礎から学んでもらうために配属先を決めます。このことは、新卒であろうと社会人経験者であろうと変わりません。

ですから、「希望通りの配属だった！」といって油断してはいけません。自治体は、あなたが**業務の基本的なところから丁寧に対処できるかどうか**を見ています。「希望と違う配属だった！」とがっかりしている暇もありません。自治体は、あなたが**どの職場のどんな仕事でも熱心に取り組む粘り強さがあるかどうか**を見ています。

▽人事異動は何のために行われるのか

最初の配属にしてもその後の配置転換でも、なぜ自分がそこに配属されたのかは、やはり気になるものです。しかし、個々の職員の異動にどのような意図があったのかが明らかにされることは、ほとんどありません。そうであるならば、あれこれ詮索するより、自分自身で異動に意味を持たせ、前向きな気持ちで新しい仕事に取り組むほうが、あなたにとっても新しい職場にとってもプラスになるはずです。

人事異動を乗り切るためには、次のようなことを心に留めておいてください。

(1)結論を急がないこと

新しい配属先に異動すると、新しい仕事に対する自分の適性を早く見極めたくなるものです。しかし、始めのうちは何のためにやっているのかわからなかったことが次第にわかってきたり、逆に、得意分野だと思って取り組んでみたのに、実は想像していたものと違い、関心が薄くなってしまうということもあります。

適性の見極めは、職場と業務に慣れてからでも十分に間に合います。焦らず急がず、まずはしっかりと取り組んでみましょう。

(2) 一分野の専門性を深めて「ヨシ」としないこと

自治体の業務は、複雑・多様化しています。また、どの自治体も、これまで結びつくとは考えられてなかった分野を結び付け、新しいアイデアを絞りだそうと必死です。そんな流れの中で、職員には、**複数の分野で専門性を深める**ことが期待されています。

今までの経験にどんな経験をプラスするとどんな化学反応が起こるのだろうか。そんなふうに考えると、異動が今までよりちょっと楽しみになるかもしれません。

(3) それでもダメなら、割り切りも大事

「新しい仕事にやりがいも適性も感じられない」とか「せっかく仕事に慣れたのに、もう異動になってしまった」と感じることもあるでしょう。そんなときは、無理をして前向きになる必要はありません。気を楽にして、「**何年かすれば、また異動になる**」と割り切ってしまいましょう。

ただ、ほんのちょっと、「**少しでも新しい経験を積んで、次の仕事のプラスにしよう**」という思いをもっていると、そこからの数年が無駄にならずに済むはずです。

『上司や先輩は意外と教えてくれない？』

自治体の職員になって、先輩から厳しく指導されたり上司から怒鳴られたりするかと思ったら、そうでもなかった……新人職員からそんな声を聴くことがあります。

確かに、最近は、職員が職員を怒鳴るような光景はほとんど見かけなくなりました。

実は、多くの自治体職員が、今最も気を遣っていることは、部下や後輩職員に対する言動が「パワハラ」（ハラスメント）になってしまわないかということです。

あるいは、「どうせお互い数年で異動するのに、わざわざ雰囲気を悪くするようなことは言いたくない」という心理も働いているのかもしれません。

こうした傾向は、新人職員にとって安心な面もありますが、必ずしも良いことばかりでもありません。欠点に気付き、改める機会を逃してしまうかもしれないのです。

上司や先輩は、仕事のやり方は教えてくれるでしょう。しかし、「社会人として改めるべき点」や「職員マナーに反する点」は、気付いていているのに注意してくれないかもしれません。

こうなってくると、「注意されないから大丈夫」と安心してばかりはいられません。自己チェックも欠かせないでしょうし、時には、こちらから「直したほうが良い点があったら教えてください」と飛び込んでみることも必要かもしれません。

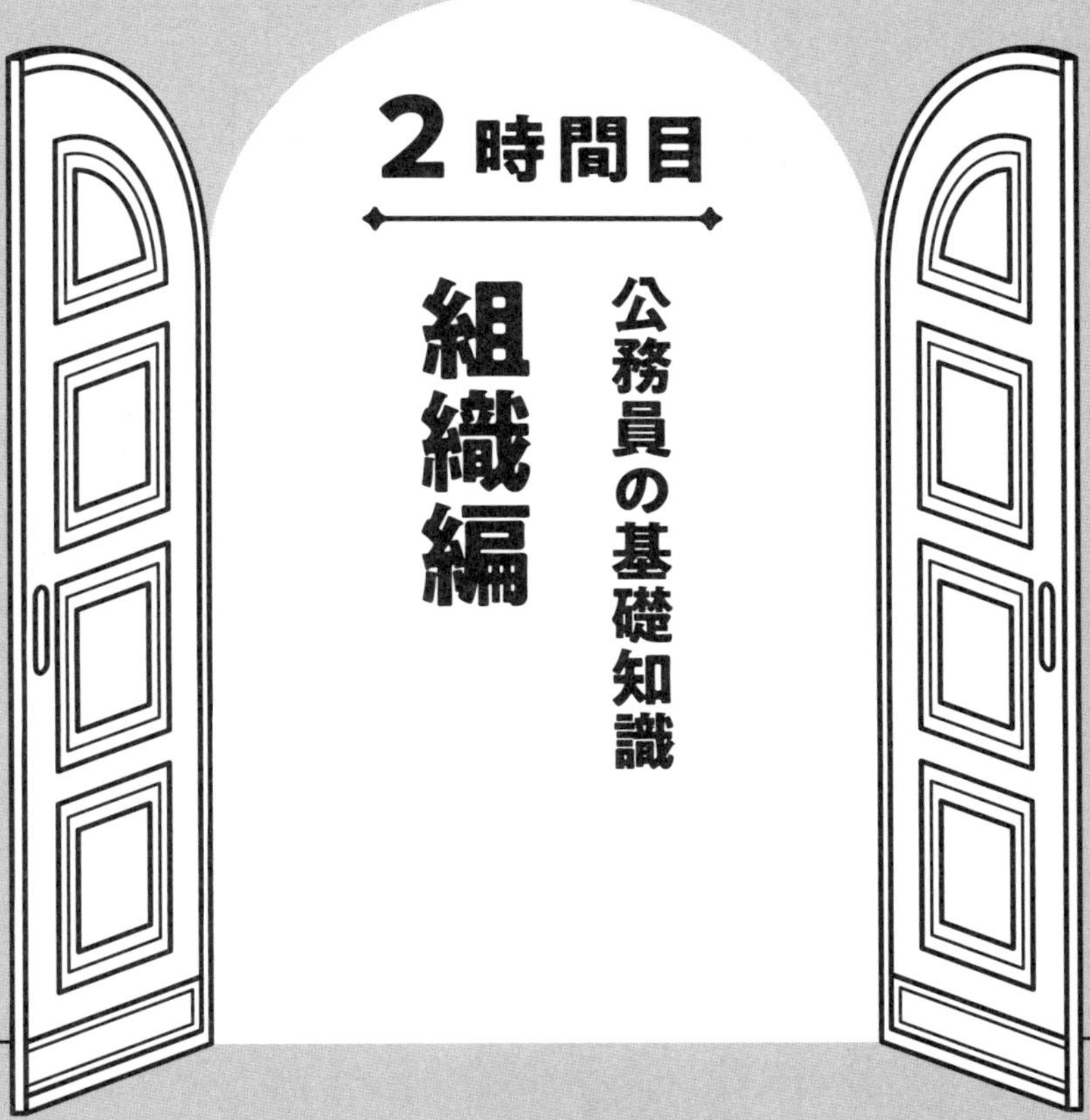

2時間目

公務員の基礎知識 組織編

民間企業と自治体との大きな違いは、自治体の組織や仕事の仕組みは法令で決められているという点です。「地方自治の本旨」のために練り上げられた自治体の仕組みを紐解いていきましょう。

01

住民自治と団体自治ってどんな意味？

自治体の課題のキーワード

地方自治の本旨

★★★

▽自治体の課題と「地方自治の本旨」

自治体では、人材不足と財政難という課題を克服するため創意工夫が求められています。しかし例えば、人材不足を補うための職員の再配備などは、却って住民の声が届きにくくなるリスクを伴います。また、財政難を補うための圏域自治体での連携した住民サービスは、各自治体の自主的な運営をやりにくくする可能性もあります。

こうした課題の解決を考える際のキーワードは、「**地方自治の本旨**」です。自治体職員なら誰でも知っている言葉ですが、一目でその具体的な意味がわかるかというとそうでもありません。むしろ抽象的でピンとこないという方も多いかもしれません。

ここでは、地方自治の本旨の具体的な意味を見ていきましょう。

▽「住民自治」と「団体自治」

「地方自治の本旨」とは、**地方自治の本来のあり方**のことをいいます。法律で地方公共団体の組織及び運営に関する事項を定めるには、地方自治の本旨に基づくこととされ（憲法92条）、これを受けて、地方自治法は、その目的が地方自治の本旨に基づくものであることを規定しています（法1条）。

地方自治は、**憲法に基づく国の統治の仕組みの一部**であって、憲法の掲げる「**民主主義**」と「**自由主義**」の考え方に基づいています。つまり、地方自治の本旨には、**民主主義的な要素（住民自治）**と**自由主義的な要素（団体自治）**の2つの要素があります。

(1) 住民自治

住民自治とは、「地方自治は地域の住民の意思に基づいて行われなければならない」とする考え方で、地方自治の本旨の**民主主義的な要素**を表しています。

住民が長と議員を直接選挙すること（憲法93条2項）、特定の自治体に適用される特別法の住民投票（憲法95条）、条例の制定改廃請求（法74条～74条の4）などは、主に住民自治の考え方に基づいています。

また、住民自治を支える制度として、情報公開制度（住民が情報を入手する制度）やパブリックコメント（住民が意見を述べる制度）があります（3時間目1参照）。

(2) 団体自治

団体自治とは、「地方自治は国から独立した団体（自治体）の意思と責任に基づいて行われなければならない」とする考え方で、中央（国）への権限の集中による弊害から人権を守るという点で、地方自治の本旨の**自由主義的な要素**を表しています。

自治事務に関する国の配慮義務（法2条13項）や自治体の条例制定権、事務処理権は、主に団体自治の考え方に基づいています。

平成11年以降の地方分権改革は、中央集権型の行政システムを見直し、中央から地域への権限移譲を中心に行われた点で、団体自治を強化する効果がありました。

例えば、自治体の独立性（団体自治）が確保されても、住民の声を拾う仕組みが不十分だと、住民のための民主的な行政（住民自治）の実現は困難です。このように、住民自治と団体自治とは、相互に補完しあう関係にあります。

「住民自治」と「団体自治」だけで日常業務の問題が魔法のように解決できるわけではありませんが、例えば、重要な利益が対立する場面や斬新なアイデアを吟味する場面では、「住民自治」と「団体自治」に立ち返って検討すると解決の糸口が見出せることがあります。地方自治の課題にぶつかったときには、「住民自治」と「団体自治」を念頭に、解決策を考えてみましょう。

02

仕事の内容は何で決まっているの？

自治体の3つの事務

地域における事務

★★☆

▽自治体の仕事

普段、「自分の仕事がどうやって決まっているのか」を考える機会は、多くはないかもしれません。特に新人の頃は、目の前の仕事をとにかく「片づける」という意識のほうが強いでしょう。しかし、想定外の事態が発生し、その業務のそもそもの趣旨や目的に遡って判断をしなければならないこともあります。つまり、「自分の仕事がどのようにして決まっているのか」を知ることは、危機管理の意味でも重要です。

みなさんが担当する業務は、自治体の事務の一部です。そこで、業務の「そもそも」を知るには、自治体の事務の「そもそも」から探っていく必要があります。

【図表 2-1】地域における事務＝自治体の事務

自治事務

法令に基づくもの
・介護保険
・国民健康保険
・障がい者福祉等

条例や規則に基づくもの
・公の施設の管理
・補助金の交付等

法定受託事務

第1号法定受託事務
（法別表第1に列挙）
・国政選挙・国道管理
・戸籍管理・生活保護等

第2号法定受託事務
（法別表第2に列挙）
・地方選挙等

▽2種類で3つの事務

自治体の事務は、**「地域における事務」**（法2条2項※）といい、図表2－1のとおり、**「自治事務」**と**「法定受託事務」**の2種類に整理されます。市町村の場合、この2種類の事務は、本来国や都道府県が処理すべき事務であるかどうかで区別されます。

※　同項の「その他の事務」については、例外的な事務なので、本書では割愛します。

(1)自治事務は、自治体が処理する事務のうち、「法定受託事務以外のもの」（法2条8項）すべてが該当します。

(2)法定受託事務とは、法令によって自治体が処理することを指定された事務のことをいい、①**国**が行うべき事務を**自治体**が行うものとして指定された事務（**第1号法定受託事務**）と、②**都道府県**が行うべき事務を**市町村・特別区**が行うものとして指定された事務（**第2号法定受託事務**）の2つに分けられます。

自治事務と法定受託事務とでは、その事務に対する国の関与の度合いが異なります。前者の場合、「助言・勧告」や「是正の要求」に留まりますが、後者の場合、「是正の指示」や「国による代執行」など、より強力な関与が認められています（法245条の4〜245条の8参照）。このことは、その事務に対する自治体の裁量の幅に差があることを意味しています。

▽「地域における事務」は不変ではない

「地域における事務」は、中央集権型の行政システムの見直しの一環として、平成11年の**「機関委任事務制度」（自治体の長を国の機関として構成し、国の事務を処理させる制度）の廃止**と事務の再構成によって原形が形作られ（**第一次分権改革**）、平成19年以降は、国から地方、都道府県から市町村への「事務・権限の移譲」や法律による地方への「義務付け・枠付け」の見直しが進められています（**第二次分権改革**）。自治体に求められる役割は、時代ごとに、地域の課題やニーズによって変化します。それに伴って、今後も、地域における事務は変化していくかもしれません。

▽「そもそも」をいつも念頭に

自分が担当する**事務の区分**と根拠法令を確認したら、根拠法令の趣旨規定や目的規定を読んでみましょう。解説書などに書かれている制度のねらいなども参考になります。そして、そこに書かれている「そもそも」（その事務の趣旨や目的）を念頭に、日常の仕事に向き合ってみましょう。

「そもそも」と具体的な事務とのつながりを意識すると、事務の全体像がイメージしやすくなり、モチベーションも向上します。

03

自治体の仕事って何があるの？

自治体の組織と役割分担

執行機関

★★★

▽自治体の仕組み

自治体は、機能面から見ると**「地域における事務」**を処理して住民の福祉増進を図る**「仕組み」**です。この仕組みを支える原動力が**「執行機関」**と**「議事機関」**です。

執行機関とは、自治体の意思決定に基づき事務を執行する（「行う」の意味）機関をいいます。地域における事務を処理する実働部隊で、**長**、**委員会**、**委員**が担当します。議事機関として意思決定を担当する議会については、6時間目で紹介します。

ここでは、執行機関の組織について、長の部局（組織）を中心に見ていきましょう。

▽長部局の内部組織と事務分掌

長の内部組織を設ける権限は長にあります。長は、すぐ下の組織（部、局など）の設置とその事務について、**「行政組織条例」**で規定し（法158条）、さらにその下の組織（課、室など）について、**「行政組織規則**（又は規程）」で規定します。

自分の配属先が組織全体の中でどんな位置に置かれているのか、どんな事務が割り当てられているのか、必ず一度は確認しておきましょう。

部門のまとめ方には、いろいろな方法があり、それぞれにメリットとデメリットがあります。例えば、組織を細分化すると、分野ごとにきめ細やかな住民サービスが可能になる反面、組織間の意思疎通や連携が不十分になってしまうリスクが生じます。

そこで、各自治体では、重点施策や地域の特性に応じ、比較的安定している分野では組織を簡素化する一方で、課題を抱えている分野や力を入れている分野（子育て部門、IT部門、シティセールス部門など）では、部署を独立させて予算や人材を集中させるといった工夫をしています。あなたの所属する部署も、実は、ほかの自治体とは違う特徴的な位置付けを与えられているかもしれません。

【図表 2-2】長の内部組織と役割分担の例

長
- 副市町村長
- 副知事

総務部門	総務、人事、法務など、全庁的な取りまとめの事務を担当
企画部門	施策の立案、調整、実施などの事務を担当
財政部門	税務、財務、管財などの事務を担当
保健部門	健康、保健、衛生に関する事務などを担当
福祉部門	高齢者、障がい者、子育てなどの福祉に関する事務を担当
産業部門	商工業、農林水産業、産業振興、雇用などに関する事務を担当
土木部門	建設、開発、道路などに関する事務を担当
環境部門	生活環境、自然環境、清掃などに関する事務を担当

▽委員会と委員

委員会と**委員**は、長から独立した地位と権限を持つ**行政機関**（＝**行政庁**）です（法

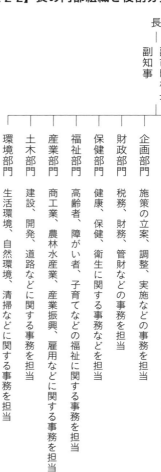

138条の4第1項)。長への権限の集中を緩和し、行政の中立性を確保することなどを目的として、法律に基づき設置されます。なお、議会の委員会(6時間目5参照)とは全く別の組織なので、注意してください。

市町村と都道府県に共通して設置されるものには、教育委員会、選挙管理委員会、人事委員会、公平委員会、監査委員(※)があります。これらに加え、市町村では、農業委員会、固定資産評価委員会が設置され、都道府県では、公安委員会、労働委員会、収用委員会、海区漁業調整委員会、内水面漁場管理委員会が設置されます。

※　監査委員は、各委員が単独で行政庁の地位を有しています(独任制といいます)。「監査委員会」という委員会があるわけではありません。なお、委員会は、構成員の話し合いにより意思決定がされる点で「合議制」の組織であるといわれます。

▽附属機関

自治体は、委員会や委員とは別に、法令や条例に基づき、調停、審査、審議又は調査等を行う機関として「**附属機関**」を設けることができます(法202条の3)。

多くの自治体で「審議会」「調査会」などの内部組織が設けられていますが、中には附属機関の実態（合議制であること、外部委員を含んでいることなど）を持つものも見受けられます。条例等の定めがないまま附属機関の実態を持つ組織を設置し、構成員に報酬等を支払うことは違法と判断した裁判例もあるので、注意が必要です。

▽役割分担は一定ではない

条例や規則が想定しない事態が発生して、「この事務はどの課が担当するのか」が問題になり、組織内で事務の「押しつけ合い」になってしまうこともあります。

法令や条例の規定を解釈しても分担が決まらないときには、どうすることが最も住民の利益になるかを第一に考えて決めていかなければなりません。

04

決裁って何のためにあるの？

自治体の意思決定

決裁・専決

★★★

▽決裁と文書主義

自治体で「～をしよう！」という意思決定をする際は、**決裁**が行われます。

「決裁」とは、**下位の職位の者が起案した文書を、上位の職位にある決裁権者が承認することによって、組織の意思を決定する仕組み**をいいます。

決裁には、「組織の意思を決定する」という本来の機能のほかに、「どのようにして意思決定がされ、その結果に対し誰が責任を負うのか」を明らかにする機能もあります。行政の仕事は、住民や事業者の権利義務に影響を与え、また、その費用は公金から支出されることから、後々の検証を可能にしておく必要があるのです。

事務処理のすべてを文書によって行うべきという考え方を**文書主義**といいます。最近では、一部の自治体で電子決裁（職場内のパソコンの操作により決裁を行う方法）が導入されていますが、記録を残す重要性に違いはありません。

▽長の決裁に代わる「専決」

長が事務のすべてについて決裁をすることは、現実的には不可能です。そこで、実際には、事案の重要度により、副知事・副市町村長、部局長、課長など、長を補助する職員（**補助機関**）が職階（職務における格付け）に応じて意思決定を行います。このような仕組みを**専決**といい、長に代わって決裁する者を**専決権者**といいます。

もちろん、部長決裁の結果に問題が発生しても、長は「承認してないから知らないよ」と責任を免れることはできません。逆にいえば、専決権者は、自らに与えられた責任の大きさを踏まえ、自らが判断しかねる重要な事項等については、長や上司の判断を仰がなければいけません。

専決権者と専決の対象（これらは併せて**専決区分**とも呼ばれます）については、自治体ごとに**事務決裁規程**などで定められています。

▽関係職員による合議

決裁に至るまでの審査の過程は、職位の下から上に一直線に並ぶのが原則ですが、必要に応じ、起案の内容に関係する職位の者にも起案の承認を求めることがあり、これを**合議**（「あいぎ」または「ごうぎ」）といいます。合議の例としては、補助金制度の立案に際して財政部門に行われるものなどがあります。

もっとも、関係部署の間で事前の調整をしっかりしておかないと、いきなり合議を回しても承認してもらえないかもしれません。合議先の職員も、その起案を承認することで決裁の内容に責任を負うことになるからです。

また、自治体の意思の決定には、長の決裁による方法のほか、**議会の議決**による方法があります。議会が議決する事項は、法令・条例によって限定されています（96条）。

詳しくは、6時間目4でご紹介します。

▽起案力を身に付けよう

わかりにくく不十分な起案文書では、意思決定の過程と責任の所在を明らかにするという決裁本来の機能が発揮されず、後の職員にも苦労をかけることになってしまいます。自分の起案文書が、将来、住民や後輩職員たちによって検証されるかもしれないということも念頭に置いて、適切な起案をする力を身に付ける必要があります。

起案する力は、過去の起案例に倣うところから始まり、工夫し、改善し、数をこなすことで培われていきます。「上司や長にとって、読んですぐ理解できて判断しやすい内容になっているか」を意識することが重要です。

05
市と県は何が違う？
市町村と都道府県

自治体の種類

★★☆

▽自治体の種類

みなさんが働く**自治体**（地方自治体）は、どのような団体でしょうか。

「自治体」とは、法令上の用語ではなく、**地方公共団体**の通称です。地方公共団体とは、**普通地方公共団体**と**特別地方公共団体**のことをいいます（法1条の3第1項）。普通地方公共団体には、**市町村**と**都道府県**があり（同条2項）、特別地方公共団体には、**特別区**、**地方公共団体の組合**、**財産区**があります（同条3項、図表2―3）。その中で特別区（東京都の23区）は、固定資産税を徴収できない（代わりに東京都が徴収します）などの一部の点を別にすれば、自治体としての性格は市町村とほとんど変わり

【図表 2-3】特別地方公共団体の種類

種　　類	内　　容	事　　例
特別区 (自治法 281 条 1 項)	都の区	東京都内の 23 区(港区、杉並区など)
地方公共団体の組合		
一部事務組合 (自治法 284 条 2 項)	地方公共団体の事務の一部を共同処理	消防、ごみ処理のための設置など
広域連合 (自治法 284 条 3 項)	広域にわたり処理することが適当な事務に関し広域計画を作成して連絡調整、事務処理を行う	各都道府県に設置された後期高齢者医療広域連合など
財産区 (自治法 294 条 1 項)	特定の財産を有し、または公の施設を設置するもの	山林、温泉を対象とした設置など

ません。

▽市町村とは

市町村は、日本の行政区画の中で最小であり、最も住民に近いところにあるという点で**基礎自治体**とされ、地域における事務等（都道府県が処理するとされているものを除きます）の処理を担当します（法2条2項・3項）。

その規模により、名称は「市」「町」「村」と異なりますが、基礎自治体としての基本的な性格に違いはありません。

市となるための要件は、①人口5万

人以上、②市街地戸数が全体の6割以上、③商工業等従業者が全体の6割以上、④都道府県の条例で定める都市としての要件を備えることとされています（法8条1項）。これらは市となるための要件なので、その内容を満たさなくなっても、直ちに市でなくなるわけではありません。なお、町となるための要件は、都道府県の条例で定められることとされています（同条2項）。

余談ですが、④の条例の中には、市となるための要件として、銀行、高校、映画館の設置を規定したものもあります。これらの条例は昭和20年代に制定されたものが多く、時代性が感じられます。もちろん、市内の映画館が閉鎖されたからといって、市でなくなるわけではありません。

▽都道府県とは

都道府県は、市町村を包括する**広域自治体**として、①広域にわたるもの、②市町村に関する連絡調整に関するもの、③その規模や性質において一般の市町村が処理することが適当でないと認められるものを処理するとされています（法2条5項）。ただし、都道府県が市町村を包括するとはいっても、都道府県と市町村を「上下」の関係に置くものではありません。

その沿革により、名称は「都」「道」「府」「県」と異なりますが、法的な性格に違いはありません。ただし、東京都には、行政の一体性・統一性の確保の観点から、特別区の区域における上下水道の設置管理や消防事務などが、区ではなく都によって行われています(法281条の2第1項。東京都水道局、東京都下水道局、東京都消防庁)。

▽都道府県の事務と市町村の事務

都道府県と市町村は、その事務を処理するに当たり、相互に競合しないようにしなければいけません(法2条6項)。市町村及び特別区は、当該都道府県の条例に違反してその事務を処理してはならず(法2条16項)、これに違反して行われた行為は、無効となります(同条17項)。

ただし、**指定都市**(政令で指定された人口50万人以上の市。神奈川県横浜市や大阪市など。法252条の19第1項)や**中核市**(政令で指定された人口20万人以上の市。

千葉県船橋市や東京都八王子市など。法252条の22第1項）は、都道府県が本来処理する事務のうち政令で定める事務を処理します。

また、都道府県がその条例に基づいて知事の権限の一部を市町村に移譲する制度があります（法第252条の17の2。事務処理特例）。この特例制度により市町村が事務を処理する場合、対外的な通知は市町村長名で行われます。知事から市町村長に移譲される権限の例としては、違法な屋外広告物（必要な許可を受けていない「捨て看板」など）の除去などがあります。

06

地域を支える様々な団体

地域は自治体だけで支えられる？

「公共」の担い手

★☆☆

▽「自治体独力」の限界

「公共」という言葉には、自治体の仕事という印象があるかもしれません。しかし、住民税の特別徴収（住民の勤務先企業における給与からの天引き）など行政活動の諸分野で、役所以外の団体が公共の一端を支える例は、過去から少なくありません。

自治体が処理する「地域における事務」のボリュームは増えるばかりです。そこで、自治体は、地域の課題を解決しようという意欲を持った住民や団体と協働して地域における事務に取り組んでいく必要があります。その手法のいくつかについて見ていきましょう。

▽業務委託契約

企業等が公共の担い手となる一般的な手法は、自治体と**業務委託契約**を締結し、自治体の業務の一部を受託する方法です。自治体と企業等とは、税の賦課・徴収のような一方的な関係ではなく、対等で自由な立場で交渉を行い、契約を締結します（民間企業同士の関係に類似するという意味で「民民の関係」などということもあります）。

▽指定管理者による「公の施設」の管理

業務委託に類する制度として、**指定管理者**による**公の施設**の管理があります。

公の施設と聞くと、何やらいかめしく聞こえますが、①**住民の福祉を増進する目的をもつて**、②**その利用に供するため**、③**自治体が設けた施設**をいいます（法244条1項）。公民館や図書館のほか、公園、道路など、その種類や性質も様々です。

ただし、住民が使用する機会があるとはいっても、公営競馬場は①を充たさない点で、自治体の庁舎は②を充たさない点で該当しません。なお、民間企業等が所有する建物に設置されるものであっても、自治体が借り上げ、①②を充たす施設であれば、③を充たすものとして公の施設に該当します。

指定管理者は、施設に関する利用料金の額の設定とその徴収、施設の使用許可を行うことができます。単に業務委託を受けた事業者は、これらの行為はできません。なお、自治体が指定管理者を指定するには、議会の議決が必要です（法244条の2第6項）。

▽自治会

住民に最も近い公共の担い手は、地域の**自治会**です。自治会とは、地域の住民の縁故関係（地縁といいます。）に基づいて結成される団体をいい、「○○町内会」や「○○町○丁目自治会」などの名称が用いられています。

もともと自治会に法人格はなく、目的や場面に応じて、個別の法令によって、権利能力なき社団（民事訴訟法29条参照）、認可地縁団体（法260条の2）、一般社団法人、NPOなどの位置付けを与えられます。

自治会は、地域のニーズや課題に応じ、①防犯・防災に関すること、②地域住民の懇親に関すること、③地域の行事（祭りなど）に関すること、この3つの観点で様々な取組みを行っています。これらのほか、自治体の広報の配布や募金活動など、自治体等の事業の受け皿となることもあります。

自治会は、任意の団体であって、加入を強制されるものではありません。一方で、組織に縛られたくないという人も少なくなく、自治会の加入率は下降傾向にあるといわれています。自治会は、地域コミュニティーを支える重要な存在であって、自治体にとっても大事なパートナーです。自治体は、自治会が加入しやすく活動しやすいように助言をするなど、上手に付き合っていきたいものです。

▽NPO

NPOとは、「Nonprofit Organization」（**非営利団体**）の略で、広い意味では、営利（活動によって利益を上げ、構成員に分配すること）を目的としない団体のことをいい、最も狭い意味では、特定非営利活動法人（特定非営利活動促進法による認証を受けた団体）のことをいいます。

ＮＰＯには、当初からＮＰＯとなることを目的として立ち上げられたものもあれば、自治会など既存の団体がＮＰＯの法人格を取得したものもあります。

特定非営利活動促進法が制定されて以降、ＮＰＯの数と活動領域は、爆発的に増加しました。中には、自治体との協働を前提として立ち上げられたＮＰＯも少なくないと聞きます。

自治体にとっても、民間企業、自治会に匹敵する公共の担い手として、その活躍が期待されています。

▽協定の活用

行政課題の解決のために、特定の団体と**協定**を締結する例も少なくありません。

「協定」に明確な定義はありませんが、役所では、金銭の授受を伴う業務委託契約ではなく、必要な場合における協力関係を明記したものをいうことが多いようです。

災害時における物資の提供について量販店に協力を求めたり、政策形成へ専門的な意見を反映するため大学に協力を求めたりするなどの事例があります。自治会やＮＰＯとの協定が締結されることもあります。

『役所の仕事って何がある？～番外編』

選挙の投開票日には、住民が投票をしている様子や職員が開票作業をしている様子をテレビで見かけます。こうした投票事務や開票事務は、いったい誰が担当しているのでしょう？

実は、私たち自治体職員が担当する「地域における事務」は、配属先の事務だけではありません。国の事業や地域の行事の中には、自治体職員が支えているものが結構あるのです。

代表的な例としては、次のものがあります。

○**国勢調査**　法定受託事務です。職員は、調査用紙の配布や回収、集計の事務などを担当します。

○**選挙事務**　法定受託事務です。職員は、設営から開票までのほとんどの事務を担当します。テレビや投票所で見かける選挙事務のスタッフは、ほとんどが市町村の職員です。

○**自治体主催の行事**　花火大会、消防操法大会、成人式、市民祭りなどの自治体主催の行事には、職務命令を受けた自治体の職員がスタッフとして従事することになります。

これらの事務は土日に行われることも多く、決して軽い負担ではありませんが、気持ちを切り替えて前向きに取り組んでみると、普段の仕事とは違うやりがいが見つかるかもしれません。

3時間目

公務員の基礎知識 もしものとき編

「こまった！」「どうしよう！」公務員に限らず、このような場面は必ず訪れます。ただし、そのような場合、役所には特別なルールがあります。これだけは知っておきましょう。

01

住民の「知りたい」にどう応える？
情報公開と説明責任

情報公開制度

★★☆

▽情報公開制度の目的と内容

情報公開制度とは、**住民に対する説明責任の果たすため、請求に応じて役所が保有している文書を開示する制度**です。情報公開制度は、自治体がそれぞれ定めている情報公開条例に基づきます。

情報公開制度について、条例で最初に定めたのは山形県金山町です。金山町の条例の施行（条例が効力を持つこと）が1982年であったのに対し、国の情報公開法（行政機関の保有する情報の公開に関する法律）の施行は2001年ですから、実に20年近く、自治体が国より先行していたことになります。

行政の透明性の確保のために、情報公開からもう一歩踏み込んで行われるのが**情報提供**です。ここでいう情報提供は、住民に向けた行政運営に関する情報の積極的な開示であり、単なるイベント開催の広報などにとどまるものではありません。

▽「見せたくない」は理由にならない

文書の開示請求は、役所の窓口等で対象となる文書を特定した上で行われるのが一般的です。場合によっては、開示にとどまらず、写し（コピー）の交付を求められることもあります。

ただし、法令等で非公開とされている情報や、個人に関する情報、公共の安全と秩序の維持に関する情報などは、開示の対象ではありません。

開示の対象とならない範囲により、請求の対象となった文書について**一部開示**や**全部不開示**の対応となる場合があります。一部開示における不開示部分は、一般に黒塗りで対応されます。

逆にいえば、開示の対象とならないこれら特定の事項に該当しない場合は、文書の開示を行わなければいけません。請求に対し「見せたくないから」は、開示をしない理由にならないのです。

▽自己情報の開示請求手続

情報公開に類似する制度として、**自己情報の開示請求手続**があります。

いずれも役所が保有する情報の提供を求めるものですが、情報公開制度が広く一般に公開が可能な情報を対象にするのに対し、自己情報の開示請求手続は、**役所が保有する「請求人本人の情報」の提供**を求める点に違いがあります。

その目的は、自己の情報が役所において適切に管理されているかどうかを確認できるようにすることにあります。具体的な事例としては、自己の介護認定に関する資料の開示を請求するものなどがあります。これらは、情報公開制度に基づく請求の場合、本人のものであっても「個人に関する情報」として開示の対象とはなりません。

自己情報の開示請求手続は、自治体がそれぞれ定めている個人情報保護条例に基づいて行われます。

▽自治体の説明責任

自治体がその業務について対外的に説明をする責任を**説明責任**といいます。

住民にとって、自分たちの生活に身近な自治体がどのような業務を行っているか、また徴収した税金をどのような経費に充てているかは、重大な関心事です。このことについて、自治体職員がしっかりと説明できないと、住民から理解や協力を得ることができません。

情報公開以外にも、自治体には、関係法令に基づいて情報の提供を行っているものが少なくありません（法243条の3に基づく自治体の財務情報の公表など）。対象によっては、パブリックコメント（自治体から住民に意見を求める方法）により、応答が行われているものもあります。

皆さんも、住民に身近な行政主体として、役所に期待される説明責任の大きさと果たすべき役割について、日常業務の中で意識を向けてみてください。

02

訴訟の種類と対応

「訴える」「弁償しろ」と言われたら?

行政訴訟の種類

★★☆

▽訴訟と賠償

「訴えてやる、って窓口で言われたのですが、普通に仕事をしていても裁判になることってあるのですか?」心配そうな顔をした職員から相談を受けたことがあります。端的にいえば、法令に基づいて適正な事務を行っていても、訴えを提起される可能性はあります。訴訟の提起は、憲法が保証する国民の権利であるからです(憲法32条)。ただし、訴訟の提起が可能であることと、それが当を得ているかは別問題です。

「弁償しろ、と言われたのですが、賠償しなければいけないのでしょうか?」窓口での心配はつきません。

損害を与えた内容によっては、自治体に賠償の義務が生じますが、その場で相手に約束と受け取られるようなことを言ってはいけません。

窓口でこれらのようなことを言われた際は、直ちに**その内容を上司に報告し、事務の根拠や対応に問題がなかったか確認する**必要があります。

▽訴訟の種類

自治体を巡る訴訟の類型はいくつかありますが、その主なものは、次のとおりです。

(1)行政処分取消訴訟　許可・不許可など行政処分等の取消しを求める訴訟です。特定の事業に関する営業許可を例に挙げれば、不許可に対し事業者から提訴されるものと、許可に対し周辺住民から提訴されるものが想定できます。また、情報公開請求に対する一部開示・全部不開示の決定を巡って提訴される例は、全国でも少なくありません。

(2) 損害賠償請求訴訟　国家賠償法に基づき損害賠償を求める訴訟です。国家賠償法は、名前こそ「国家」の語が入っていますが、自治体の損害賠償の根拠にもなるものです。

○国家賠償法

第1条　国又は公共団体の公権力の行使に当る公務員が、その職務を行うについて、故意又は過失によつて違法に他人に損害を加えたときは、国又は公共団体が、これを賠償する責に任ずる。

2　（略）

第2条　道路、河川その他の公の営造物の設置又は管理に瑕疵があつたために他人に損害を生じたときは、国又は公共団体は、これを賠償する責に任ずる。

2　（略）

1条1項に該当する事例としては、職員が職務中に起こした交通事故があります。一方、2条1項に該当する事例としては、公園の遊具の管理不全による事故があります。なお、1条1項に比べて、2条1項では「故意又は過失」が賠償の要件とはされていません。もちろん無制限に施設の管理責任を認めるものではありませんが、損害賠償に関する要件のハードルが低いことには注意が必要です。

これら施設の管理を原因とする賠償については、対象に応じて役所で保険に加入しています。事故等が発生した場合は、迅速に担当部署に相談を行いましょう。

(3)住民訴訟　自治体の公金支出や契約等について、原則としてそれが行われてから1年以内に、住民であれば誰もが監査委員に対して**住民監査請求**（4時間目3参照）を行うことができます（法242条1項・2項）。住民監査請求の結果や勧告に不服がある場合等に、提起することができるのが**住民訴訟**です（法242条の2）。

いくつかの類型がありますが、もっとも事例が多いのは、「行為者に対して損害賠償等の請求をするよう自治体等に求める請求（法242条の2第1項4号）」です。

なお、ここでいう「行為者」には、読者の皆さんのような一般の職員も含まれます。皆さんもお仕事に際しては、十分に留意してください。

03

審査請求が提起されたら？

行政処分と審査請求

審査請求

★★☆

▽「審査請求が提起されました！」

この報告がされて明るくなる職場は、さすがにありません。

審査請求が提起されたということは、所管課で行った決定処分（**行政処分**）に対し、処分を受けた住民や事業者が処分を不服として申立てを行ったことを意味します。所管課では、処分の事務を振り返り、審査庁に対し処分が法令に沿った適法かつ適切なものであったことを弁明し、最終的にそのジャッジを受けなければなりません。

しかし、せっかく処分の事務を振り返るのであれば、暗くなるばかりではもったいないです。この振返りの機会を事務の見直しや改善に役立てましょう。

▽審査請求とは

「**審査請求**」とは、行政処分に不服がある場合に、**所定の審査庁に対して不服を申し立てること**、あるいは、**申立そのもの**をいいます。

制度の基本的な枠組みは行政不服審査法に定められていますが、公文書公開請求に関する事案であれば公文書公開条例、選挙に関する事案であれば公職選挙法、固定資産税に関する事案であれば地方税法など、特則となる規定が各関係法令に置かれています。

審査請求の対象となる処分を行った主体（行政庁）を「**処分庁**」といい、審査請求の審理を担当する主体を「**審査庁**」といいます。審査庁がどこ（誰）になるのかは、事案ごとに法令を確認する必要があります。例えば、生活保護法に基づく市の福祉事務所長による処分に対する審査請求では、都道府県知事が審査庁になる場合と市町村長が審査庁になる場合があります。

また、具体的な審査請求の手続を担当するため、審査庁から指名された者を「**審理**

員」といいます。非常勤職員として任用した弁護士を指名する例も少なくないようです。一般的な審査請求の事務の流れは、図表3－1のとおりです。

【図表 3-1】審査請求の事務の流れ

①**審査請求書**の要件審査（記載事項の確認）	（審査申出人→審査庁）
↓	
②**審理員**の選任	（審査庁）
↓	
③**処分庁**による弁明（弁明書の提出）	（処分庁→審理員）
↓	
④**審査申出人**による反論（反論書の提出）	（審査申出人→審理員）
↓	
⑤**口頭意見**陳述	（審査申出人→審理員）
↓	
⑥**審理員意見書**の提出	（審理員→審査庁）
↓	
⑦**行政不服審査会**への諮問・答申	（審査庁 →行政不服審査会 →審査庁）
↓	
⑧**裁決**	（審査庁→審査申出人）

▽審査請求の意義

審査請求は「よく提起される業務」と「ほとんど提起されない業務」とに分かれがちです。その差は、行政処分を扱う件数によるところもありますが、処分の根拠法令を丁寧に運用しているか、処分の対象となる住民等に対して事前に丁寧に説明を行っているかなど、運用面のちょっとした配慮が影響している可能性もあります。

審査請求が提起され、処分の事務を検証してみると、法令の適用に誤りが見つかったり、事前の調整や説明が不十分だったことが問題になるケースも少なくありません。処分の事務に問題があると判明したときには、反省すべきところは反省し、改めるべきところは改め、場合によっては審査庁の裁決がされる前に、処分庁自ら処分を取り消す勇気も必要です（審査請求が行政訴訟に発展し、敗訴判決を受けるよりも自治体のダメージははるかに小さくて済みます）。

審査請求は処分の事務を検証し、見直すチャンスです。そんな「転んでもただでは起きない」前向きな姿勢は、審査請求以外でも役に立ちます。

04

監査委員って何をするの？

監査の種類

監査

★☆☆

▽監査委員の役割

日常業務を行っていて、怖いものの一つが**監査委員による指摘**です。

監査委員は、長から独立して権限を行使することができる執行機関の一つです。自治体の財務や事務執行についてチェックをするのが監査委員の主な仕事ですから、長の権限外にあったほうが公正なチェックが期待できるわけです。

監査委員は、代表監査委員とその他の監査委員から構成されます。その他の監査委員には、議員のうちから選任された監査委員が含まれます。なお、自治体が条例で定めれば、議員のうちから監査委員を選任しないことができます（法196条1項）。

監査委員には、事務局が置かれます（市町村における事務局の設置は任意です）。事務局には、事務局長、書記その他の職員が置かれます（法200条1項～3項）。

▽一般監査の種類

監査委員の主な職務は、**財務監査**と**行政監査**です。これらは、**一般監査**と呼ばれます。監査委員による指摘の対象は、決められた手順を欠いた場合などの事務上のミスだけではありません。内容が不適切であれば、組織内で従来から前例踏襲で行われていた事務の内容にも及びます。

(1) 財務監査

自治体の財務事務の執行等についての監査です（法199条1項）。毎年度少なくとも1回以上期日を定めて行う**定期（定例）監査**と、必要があると認めるときに行う**随時監査**として実施されます（法199条4項・5項）。

【図表 3-2】特別監査の種類

①直接請求による事務監査（自治法 75 条）
②議会の請求による監査（自治法 98 条 2 項）
③長の要求による監査（自治法 199 条 6 項）
④住民監査請求による監査（自治法 242 条）
⑤職員の賠償責任の監査（自治法 243 条の 2 第 3 項～ 5 項）

(2)行政監査

自治体の事務の執行についての監査です。ただし、自治事務については、労働委員会・収用委員会の権限に属する事務、法定受託事務については、国の安全を害するおそれがある事務等についてがその対象外とされています。**随時監査**として実施されます（法199条2項）。

▽特別監査の種類

特定の者からの請求や要求に基づいてその都度随時に行われる**特別監査**は、**要求等監査**とも呼ばれ、その種類は図表3－2のとおりです。直面する機会は決して多くはありませんが、これらの対象になることも踏まえて、職員は、緊張感を持って日頃の仕事をする必要があります。

住民は、自治体の公金の支出や契約の締結などについて、監査

【図表3-3】住民監査請求の対象となる行為と請求の内容

対象となる行為	①違法・不当な公金の支出 ②違法・不当な財産の取得・管理・処分 ③違法・不当な契約の締結・履行 ④違法・不当な債務その他の義務の負担 ⑤違法・不当に公金の賦課・徴収を怠る事実 ⑥違法・不当に財産の管理を怠る事実
請求の内容	①違法・不当な行為を防止するために必要な措置 ②違法・不当な行為を是正するために必要な措置 ③怠る事実を改めるために必要な措置 ④違法・不当な行為や怠る事実によって地方公共団体のこうむった損害を補塡するために必要な措置

委員に対し住民監査請求を行うことができます（法242条1項）。請求者は、住民であればよく、法律上の行為能力を有する住民であれば、個人・法人も問われません。

住民監査請求の対象となる行為と請求の内容は、図表3－3のとおりです。長や管理職の職員だけではなく、皆さんのような一般の職員の行為も対象となります。

なお、住民監査請求は、選挙権を有する者の50分の1以上の連署をもって請求される事務監査（法75条）とは異なり、住民が1人で請求を行うことができることから、事務監査に代えて多く活用されている現状があります。

『ガソリンが切れたら車は走らない』

「仕事がわかってきたらストレスはなくなるかなあ、他の部署に異動したらストレスはなくなるだろうか」

仕事への向き不向きや、職場における人間関係の煩わしさはあるかもしれませんが、どのような形であれ、ストレスはなくなるものではありません。であれば、どのようにストレスと付き合うかを工夫したほうが良さそうです。

まず、気分転換のための「スイッチ」を見つけておくことです。カラオケで思いっきり歌う、ケーキバイキングで甘いものを食べるなど「これをやれば気分転換できる」というものを見つけておくと、ストレスを大きくため込む前に対処できます。もちろん、他人に迷惑をかけるような行為は論外ですが。

また、心配ごとがいくつも浮かんで不安なときは、手帳にリストを書き出してみましょう。心配ごとが多いように感じても、20や30はないはずです。優先順位をつけて、「すぐに手を付けなければいけないもの」を確認したら、心配事は手帳に任せるつもりで頭から追い払ってしまうことです。

ガソリンが切れたら車は走りません。

ガソリンの不足はメーターで確認できますが、ストレスの増減は、自分では気が付かないことがあります。気分転換を挟みながら、ストレスとは上手に付き合っていきましょう。

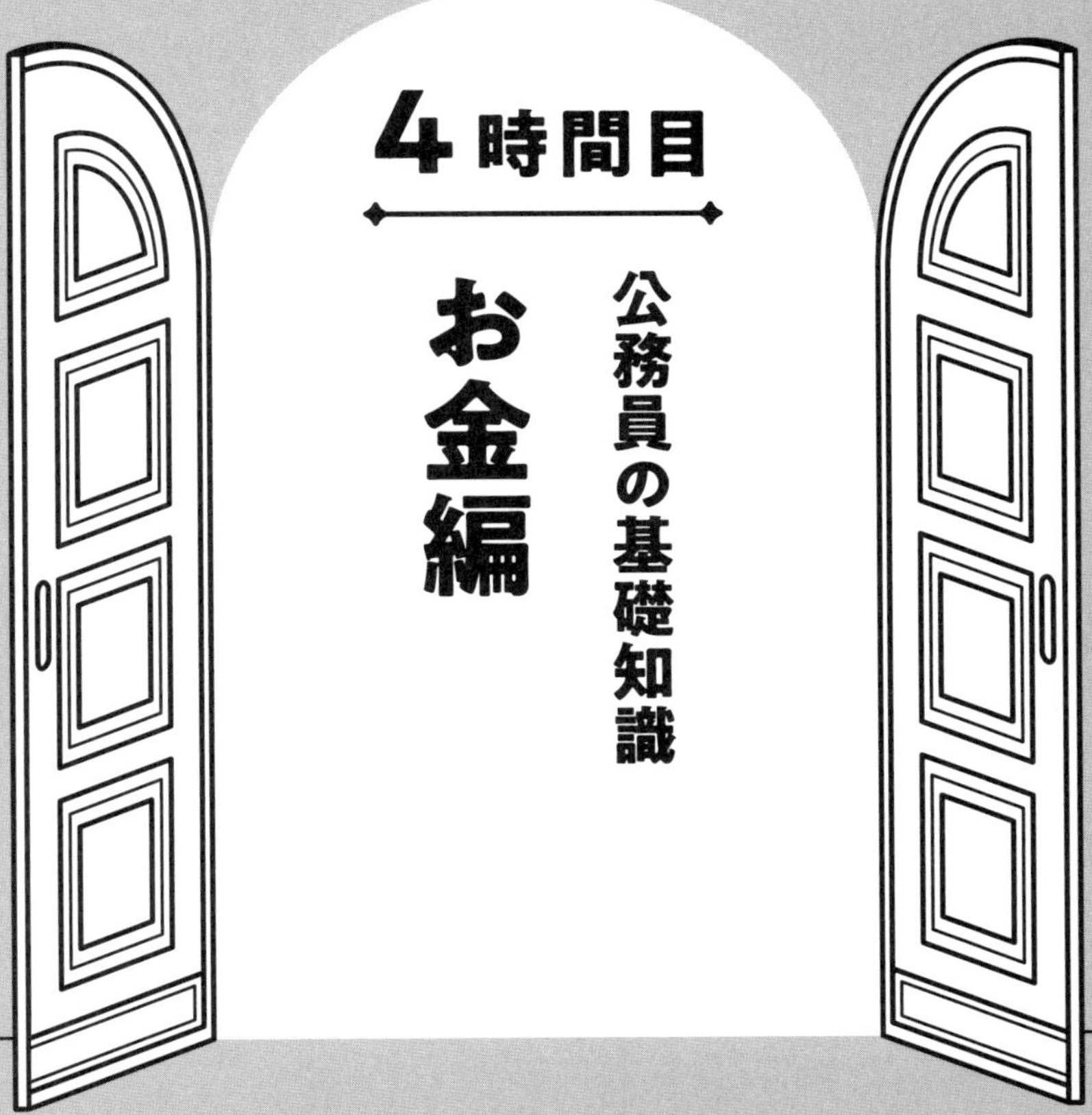

4時間目

公務員の基礎知識 お金編

若手職員は、伝票処理などの会計行為を任されることが少なくありません。また、予算は役所のどんな仕事にも関係します。本章で、役所のお金に関する基本的な知識を押さえましょう。

01

予算の種類

「予算」ってなんだ？①

予算の基本①

★★★

▽予算は、なぜ大事か

「とはいっても、予算がなあ……」あなたからの報告や相談に、上司や先輩が困ったように言うことはないでしょうか。

自治体の予算は、**1年間に見込む収入を、地域における行政目的の達成のためにいかに分配するか**熟慮を重ねたものであって、その内容は「政策を金額でカタチにしたもの」といえます。議会の議決を経て、住民に約束したお金の使い道であることから、その柔軟な変更には限度があるのです。

▽歳入予算と歳出予算

自治体の予算は、**歳入予算**（税収など、1年間で入ってくるお金の見込み）と**歳出予算**（事業費など、1年間で支払うお金の見込み）で構成されています。歳入予算の額と歳出予算の額は、**同額**です。

ただし、歳入予算が**収入の見積もりにとどまる**のに対し、歳出予算は**支出の限度額として機能**します。金銭の支払は、予算で定める目的・金額の範囲内で行わなければいけません。

▽一般会計と特別会計、公営企業会計

予算は、いくつかある会計（自治体の「サイフ」といってよいでしょう）ごとに作成され、また管理されています。

読者のうち健康保険や介護保険を所管する部署で働かれている方は、「国民健康保

険特別会計」や「介護保険特別会計」に基づくお仕事が多いと思います。**特別会計**とは、**「特定の収入」を「特定の事業」に使うための会計**です。特別会計は、法律に基づいて設置されるもの（国民健康保険特別会計、介護保険特別会計など）のほか、必要に応じて、自治体が条例を制定して設置することができます。

健康保険や介護保険を所管する部署でも、**一般会計**に基づく仕事もあります。**一般会計**は、福祉、教育、土木、衛生など自治体の基本的な施策を行うための会計です。**自治体のほとんどの仕事は、一般会計に基づきます。**

地方公営企業の**公営企業会計**は、民間企業と同様の会計手法によって処理されます。

▽予算の種類

「予算」の名称が付くものとしては、以下のものがあります（図表4－1）。

(1)当初予算・補正予算

年度当初に作成する「当初予算」に対し、災害や政策変更等の状況の変化により既定の予算に増額や減額の変更を加えるのが「補正予算」です（法218条1項）。

(2) 骨格予算・肉付け予算

「**骨格予算**」とは、長や議会の議員の改選を控えている場合等において、政策的経費等を極力抑え、どうしても支出しなければいけない**義務的・経常的経費等**を中心に編成された予算です。

改選後は、当初では除かれた政策的経費等を含めた補正予算を作成することになります。これを「**肉付け予算**」と呼びます。

これらは、自治体の財政運営上の手段ですので、法的な位置付けがあるものではありません。

(3) 暫定予算

年度開始までに本予算が成立しない場合に、本予算成立までの空白期間をつなぐために組まれた予算をい

【図表 4-1】予算の種類

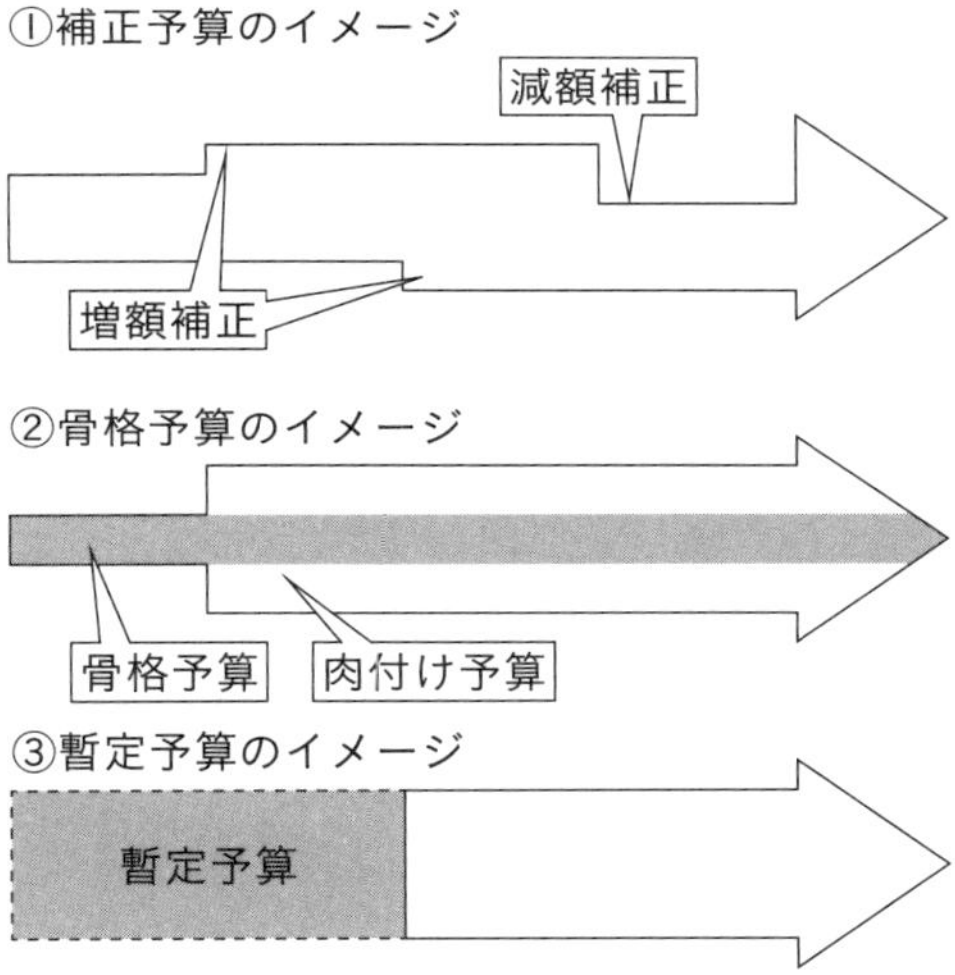

【図表 4-2】 予算のサイクル

4月	5月	6月～9月	10月～1月	2月～3月
新年度予算執行開始	前年度予算出納整理	前年度決算調製議会承認等	翌年度予算案要求・査定・決定	翌年度予算案議会審議

います。暫定予算は、本予算が成立すれば、それに吸収されます（法218条2項）。

▽予算の制定過程

自治体には、執行機関として長のほか委員会・委員（教育委員会や監査委員など）が存在しますが、予算を調製（整えて、まとめること）する権利は、**長**にしかありません（法149条2号、180条の6第1項）。なお、地方公営企業の予算は、管理者が作成した原案に基づき、長によって調製されます（地方公営企業法24条2項）。

当初予算の制定過程の大まかな流れは、図表4－2のとおりです。

毎年10月ごろ、財政部局から翌年度の「予算編成方針」が庁内に示され、各事業部門では、その内容を踏まえて予算の見積もりが開始されます。各事業部門で作成された予算見積書は、11月ごろには財政部局に提出されます。財政部局における要求内容の精査を経て、年明けには、長により予算案の内容が決定されます。

当初予算は、年度開始前に議会の議決を経るべきものとされており、都道府県と政令指定都市は年度開始の30日前、それ以外の市町村は年度開始の20日前までに議会へ提案される必要があります（法211条1項）。なお、補正予算は、定例の議会（おおむね2月・6月・9月・12月の年4回）ごとに提案されます。

▽予算書の書式

予算書というと、分厚い冊子をイメージされるかと思いますが、予算として議決の対象となるのはそのうちわずかな量であって、大部分はその内容の説明資料です。

それらの書式は、地方自治法施行規則14条で定められており、編集上の若干の差異はありますが、全国の自治体で同一のものとなっています。

02

「予算」ってなんだ？②

予算の内容

予算の基本②

★★☆

▽予算の内容

地方自治法で「予算」とは、以下のものとされています(法215条)。ご覧のように、歳入歳出の見積もりだけではありません。

(1)歳入歳出予算　会計年度内の歳入歳出の見積もりです。

(2)継続費《けいぞくひ》　完成まで数年度にわたって支出が行われる工事の経費など、履行に数年度を要するものについて、その経費の総額と年割額を定めるものです（図表4－3)。年割額の残額は、**逓次繰越し**《ていじ》として継続費の最終年度まで繰り越して使用することができます。「逓次」とは、「次々と、順次」の意味です。

【図表4-3】継続費の例

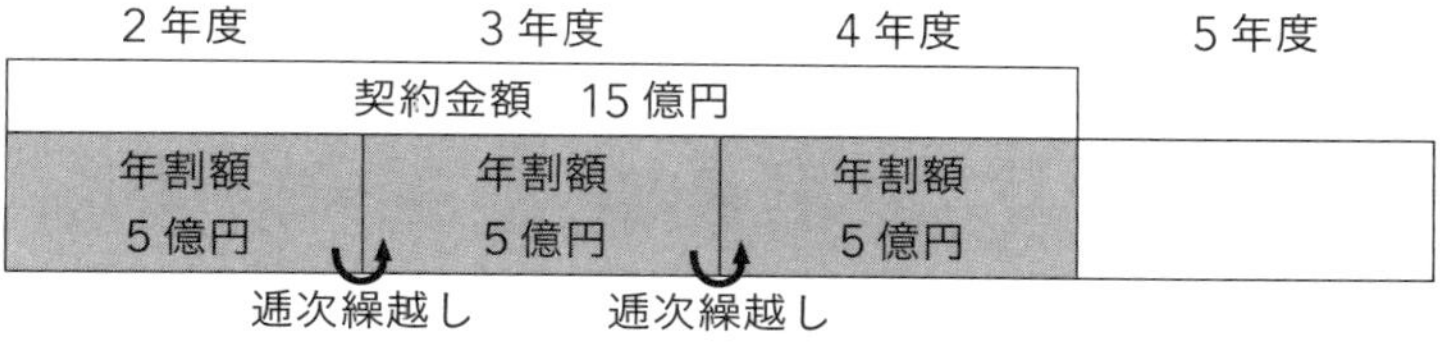

出典：定野司『一番やさしい自治体予算の本』（学陽書房）に掲載の図を加工

【図表4-4】繰越明許費の例

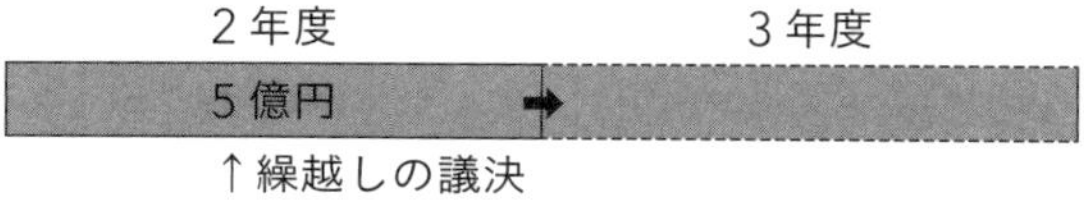

出典：塩浜克也『月別解説で要所をおさえる！　原課職員のための自治体財務』（第一法規）に掲載の図を加工

【図表4-5】債務負担行為の例

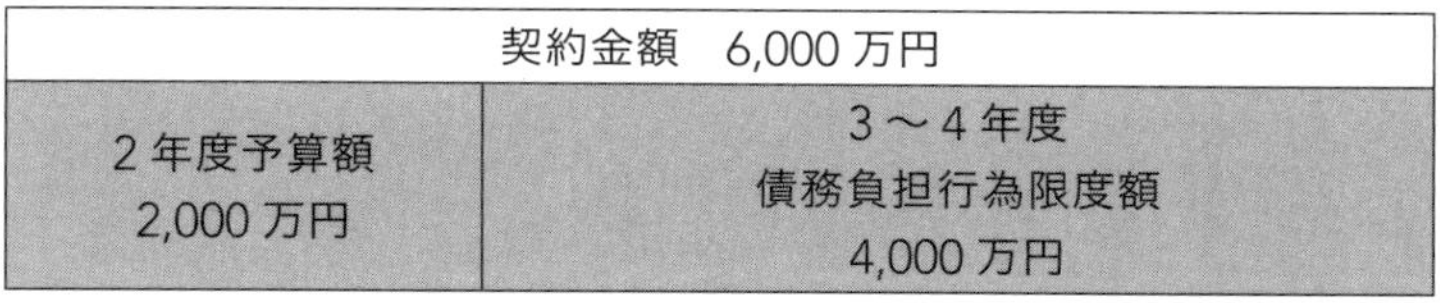

契約金額　6,000万円	
2年度予算額 2,000万円	3〜4年度 債務負担行為限度額 4,000万円

出典：定野司『一番やさしい自治体予算の本』（学陽書房）に掲載の図を加工

⑶繰越明許費《くりこしめいきょひ》　年度内に支出が終わらない見込みがあるものについて、翌年度に繰り越して使用することを定めるものです。本来は許されない次年度への予算の繰越しについて、議会に「**明**らかに**許**してもらう」ものです。道路を建設するための予算を準備したものの用地買収が難航したなどの場合があ

ります（図表4－4）。

(4)債務負担行為《さいむふたんこうい》　「歳出予算の金額」「継続費の総額」「繰越明許費の金額の範囲内におけるもの」以外における、債務の負担上限を定めるものです。翌年度以降の支出について、議会に「お墨付き」をもらうものといってよいでしょう（図表4－5）。

(5)地方債　起債（自治体による借入れ）の目的、限度額、起債の方法、利率及び償還（返済のこと）の方法を定めるものです。ただし、借入れは何に対して行っても良いものではなく、健全な財政運営を行うため、その対象には一定の制限があります。

(6)一時借入金《いちじかりいれきん》　自治体の金庫の中がいつもいっぱいとは限りません。年度内において支出のやり繰りを行うための一時的な借入れについて定めるものです。

(7)歳出予算の各項の経費の金額の流用　歳出予算の区分である「款・項・目・節」のうち、本来、「項」の区分に分類された内容までが議決に基づく執行を要請されます。しかし、「項」の区分に分類された内容であっても、予算として議決を経た対象については流用（当初の予定以外に支出を行うこと）が可能になるのです。

03

「歳出」には何がある？

役所が払うお金の種類

歳出の種類

★★☆

▽予算の分類

節約のコツをお教えしましょう。あらかじめ、想定する支出別に封筒を用意して、支出のやりくりは、それぞれの封筒に入れたお金の範囲内で行うのです。

自治体の予算も、これと同様の仕組みが設けられています。

地方会計に係る歳入歳出の取扱いは、法令で詳細に定められています。予算の分類は、大きい順から「**款・項・目・節**」で区分されています。

▽「款・項・目」

歳出予算について、最上位の「**款**」の内容は、自治法施行規則15条1項に定められています。主なものとその内容は、図表4－6のとおりです。これらの分類には、自治体にある程度の自由度があることから、「民生費」に代えて「こども青少年費」「健康福祉費」を設定するなど、分類に工夫をしている自治体もあります（神奈川県横浜市など）。

「款」の次に区分される「**項**」「**目**」のうち、「項」は、議会の議決の対象であるから「款」とともに**議決科目**と呼ばれます。

これに対し、「目」は、次に説明する「節」とともに、**執行科目**と呼ばれます。

「項」「目」の内容は、自治法施行規則15条1項に定められています。そのうち教育費に関する部分を抜粋したものが図表4－7です。

【図表4-6】歳出予算における主な款とその内容

款	内容
議会費	議会に関する経費
総務費	職員給与や文書・財産管理など全体的な管理事務に要する経費のほか、徴税や戸籍管理など他の款に区分できない経費
民生費	社会福祉や児童保護のほか、災害救助などに関する経費
衛生費	住民の保健・医療や衛生的な生活環境の確保（ごみの収集・処理など）などに関する経費
農林水産業費	農林水産業の指導育成や支援などに関する経費
商工費	中小企業の育成や工業団地の整備などに関する経費
土木費	道路や河川、公園の整備や維持管理などに関する経費
警察費	警察に関する経費。都道府県に置かれる。
消防費	消防や防災に関する経費。主に市町村に置かれる。
教育費	学校の設置管理を通じて行う学校教育と、広く青少年や成人等を対象として行われる社会教育（生涯学習など）に大別される教育行政に関する経費

【図表4-7】歳出予算における「款」「項」「目」の例

歳出					
都道府県			市町村		
款	項	目	款	項	目
10教育費			10教育費		
	1教育総務費			1教育総務費	
		1教育委員会費			1教育委員会費
		2事務局費			2事務局費
		3教職員人事費			3恩給及び退職年金費
		4教育連絡調整費			
		5教育研究所費			
		6恩給及び退職年金費			
	2小学校費			2小学校費	
		1教職員費			1学校管理費
		2教育振興費			2教育振興費
					3学校建設費
⋮	⋮	⋮	⋮	⋮	⋮

※自治法施行規則別記様式から抜粋

【図表 4-8】節の区分

報酬　給料　職員手当等　共済費　災害補償費　恩給及び退職年金 報償費　旅費　交際費　需用費　役務費　委託料 使用料及び賃借料　工事請負費　原材料費　公有財産購入費　備品 購入費　負担金補助及び交付金　扶助費　貸付金　補償 補填及び賠償金　償還金、利子及び割引料　投資及び出資金 積立金　寄附金　公課費　繰出金

▽「節」

「**節**」は、支出の単位です。「節」の区分は、自治法施行規則15条2項に定められています（図表4−8）。その内容は、具体的な支出に応じ、さらに**細節・細々節**と区分されます。

節の区分でわかりにくいのが、「**報酬**」と「**報償費**」の違いです。「報酬」が非常勤職員に対する給与的な性格が強い支出であるのに対し、「報償費」は、役務の提供に対する謝礼など報償的な意味が強い経費（謝礼金や、QUOカードなど贈呈用の品物の購入費等）です。報酬の額は条例で定めなければいけませんが（法203条の2第5項）、報償費についてその必要はありません。

「**需用費**」の範囲は幅広く、事務用品などの消耗品費や、印刷製本費、電気・ガスのための光熱水費、施設の修繕料が含ま

【図表 4-9】予算の流用

	使用料及び賃借料	需用費（修繕費）	工事代金	支出の可否
流用前	800万円	200万円	300万円	支出不可（100万円不足）
流用後	700万円（△100万円）	300万円（＋100万円）		支出可

出典：塩浜克也『月別解説で要所をおさえる！　原課職員のための自治体財務』（第一法規）

れます。

「**役務費**」は、人的なサービスの提供に対して支払われる費用です。イメージとしては「**委託料**」に類似しますが、異なるのは「純粋に人的なサービスの提供に対して支払われる経費」であるという点です。倉庫の保管料、広告料などが該当します。郵便料金や電話代（通信運搬費）、損害保険料なども、ここに含まれます。

軽微な修繕の支出科目は「需用費（修繕料）」ですが、修繕の程度によっては「**工事請負費**」に該当する場合があります。

▽予算の流用と予備費の充用

執行科目である「目」「節」の範囲内であれば、設定された予算に不足が生じても、**流用**という会計手続によって当初の区分を超えたやりくりをすることができます。

図表4－9は、市民会館における300万円の修繕費に100万円の不足が生じた場合に、剰余が生じた「使用料及び賃借料」から、不足が生じた「需用費（修繕費）」に、「節」間の流用を行った例です。このように、流用は、予算執行の実際面における潤滑油的制度といえます。

なお、一般会計には、予算外の支出や予算超過の支出に充てるため、**予備費**が計上されています（自治法217条1項本文）。予備費による支出は、具体的な経費の科目への**充用**を行った上で行われます。

支出のための予算が不足した場合、予算の流用と予備費の充用のどちらによるかの選択は、具体的な事例において個々に判断することになります。ただし、予算の流用が執行科目間の融通であるのに対し、予備費の対象としては現状では見込むことができない災害への対応も想定されることから、原則的には、**まず流用できる場合は流用で対処し、それができない場合に予備費を充てることが妥当**と考えられます。

04

「歳入」には何がある？

役所に入るお金の種類

歳入の種類

★★☆

▽道府県民税と市町村民税

読者の皆さんも、お住いの自治体に**地方税**を払われていると思います。道府県が課税する税金を「道府県税」といい、市町村が課税する税金を「市町村税」といいます。

地方税は、自治体の収入のうちで最も基本的なものです。税収の多い少ないは、行政活動の自主性・安定性の確保についての判断基準になります。

地方税を含め、自治体の収入の種類は、図表4－10のとおりです。

【図表 4-10】収入の種類（歳入予算の科目区分による）

地方税　地方譲与税　税交付金　地方特例交付金　地方交付税　交通安全対策特別交付金　分担金及び負担金　使用料及び手数料　国庫支出金　都（道府県）支出金　財産収入　寄附金　繰入金　繰越金　諸収入　地方債

▽自主財源の主なもの

自治体が自主的に収入できる財源を**自主財源**といいます。地方税以外で、皆さんが実務で対応する機会が多い自主財源は、**使用料・手数料**でしょう。

「使用料」とは、公の施設の利用や行政財産の**目的外使用に対する対価として徴収することができるもの**です（法225条）。公の施設には、市民ホールや公営プールなど様々な種類があります。行政財産の目的外使用の例としては、学校や保育所敷地内の電柱の設置などがあります。

「手数料」とは、自治体の事務で**「特定の者のためにするもの」について徴収できるもの**です（法227条）。対象となる事務としては、住民票や印鑑登録に関する証明や、狂犬病予防法に基づく犬の登録などがあります。

自治体が特定の者から徴収するものとして、手数料は使用料と似ていますが、手数料は、「サービスの提供に対する対価」という点で、使用料とは性格が異なります。

▽依存財源の主なもの

国や都道府県などの意思により交付されるなど、自治体の裁量が制限されている財源を**依存財源**といいます。**国庫支出金・都道府県支出金**は、皆さんが実務で対応する機会が多い依存財源です。

「国庫支出金」は、**国が特定の行政目的を達成するために、法令に基づいて経費の全部又は一部を負担するもの**です。「委託金」「国庫負担金」「国庫補助金」の３種類があります。

「委託金」は、**国が自らの責任として全額負担するもの**で、国会議員の選挙費用などがあります。「国庫負担金」は、国と地方の責任の割合に基づく「割り勘」として国が一部負担するもので、生活保護費負担金などがあります。「国庫補助金」は、国が特定の施策を奨励助長することや、一定の財政援助をすることを目的として交付さ

【図表 4-11】普通交付税

歳出	基準財政需要額	
歳入	基準財政収入額	普通交付税

出典：塩浜克也『月別解説で要所をおさえる！　原課職員のための自治体財務』（第一法規）

れるものです。

「都道府県支出金」も、国庫支出金と同様に、「委託金」「都道府県負担金」「都道府県補助金」の3種類があります。

地方交付税は、自治体がその行うべき事務を遂行することができるよう、国が国税のうち一定割合の額を交付するものです。**普通交付税**と**特別交付税**があります。

普通交付税は、一定の基準により見込んだ自治体の需要の額（**基準財政需要額**といいます）に対し、一定の基準に基づいて算定した自治体の収入の額（**基準財政収入額**といいます）との差額を埋めるものです（図表4－11）。ほとんどの自治体では、支出に見合うだけの税収がないことから、多かれ少なかれ地方交付税が収入の一端を担っています。

これに対し、特別交付税は、大規模な災害など自治体の特別な需要に対して交付されます。

▽歳入確保の重要性

皆さんがお仕事をする部署で、収入について意識することは、そんなに多くないと思います。

しかしながら、必要な支出に見合うだけの収入を見込むことができなければ、自治体は、行政活動を行うことができません。収入の不足額に対する普通交付税も、自治体の必要な財源を十分に保証しているとは言いがたいのが現状です。

今後は、少子化・高齢化が進行することに伴い、多くの自治体で、必要な福祉経費が増大する一方、税収の減少が見込まれています。

皆さんも日頃のお仕事の中で、収入の重要性をぜひ念頭に置いてください。

05

お金を払うときはどうするの?

支出と収入の手順

会計事務

★★★

▽支出における「支出命令」「支出負担行為」

自治体の会計事務は、会計管理者が担当します(法170条1項)。金庫の前にどかりと座る、金庫番のイメージです。

会計管理者は、長の命令がなければ支出を行うことができません(法232条の4第1項)。この命令が**支出命令**です。

自治体で支出を行う際、その命令は長が行い、出納(お金の出し入れをすること)は会計管理者が行うという仕組みがとられています。出納に関しては特に慎重を期するため、**命令と出納の役割が機関で分担されている**のです。

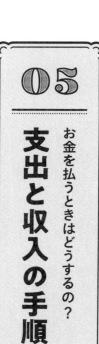

なお、支出命令に先立って**支出負担行為**が必要です。「支出負担行為」とは、契約の締結など自治体の支出の原因となる手続をいいます（法232条の3）。支出負担行為も、命令機関である長によって行われます。

なぜこのような仕組みが必要なのでしょうか？

自治体の歳出予算は、支出の上限です。支払を請求する伝票を順番に処理するうち「あれ？　お金が足りない」となっては困ります。工事の請負など、契約によっては、その締結から事業の終了まで時間がかかるものがあることから、契約の締結時に**支出負担行為によって相当額の支払についての「予約」をしておく**わけです。

▽事業完了前の検査

順番が前後してしまいましたが、支出命令に先立って、職員による事業履行の**検査**が必要です（法234条の2第1項）。事業の終了はもちろん、履行の検査も、予算年度の3月31日までに行わなければいけません。

契約の締結から支払までの流れをまとめたのが図表4−12です。

【図表 4-12】契約の締結から支払まで

事業の開始		事業の終了		請求
契約	→	引渡し	→	支払
（支出負担行為）		（検査）		（支出命令）

なお、見積書・納品書・請求書の各伝票は、それぞれ、支出負担行為（「○○円、払わなきゃな」）・検査（「よし、ちゃんとできてる」）・支出命令（「会計管理者さん、支払をお願いね」）にリンクします。

▽収入における「調定」

収入の手続は、命令機関である長が**調定**を行い、納入義務者に対し納入の通知をすることによって行われます（法２３１条）。「調定」とは、その歳入について、所属年度、歳入科目、納入すべき金額、納入義務者等を誤っていないか、法令や契約に違反する事実がないかについて調査し（法施行令１５４条１項）、**自治体として「収入する」という意思決定を行うこと**をいいます。

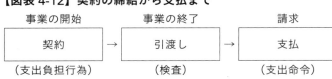

なぜこのような仕組みが必要なのでしょうか？

各会計年度における歳出には、その年度の歳入を充てなければ

【図表4-13】現金以外の収入方法

証紙による収入	証紙は、切手に形状が似た紙片。使用料・手数料について、条例で定めることにより可能
口座振替による収入	納入義務者が特定の金融機関に預金口座を設けている場合に可能
証券による収入	郵送による請求の場合に、多く利用される。証券の代表的なものとして、定額小為替（ゆうちょ銀行か郵便局の貯金窓口で入手できる）がある。
クレジットカードによる収入	納入義務者からの申出に基づき、指定代理納付者として指定を受けたクレジットカード事業者が納付を行う。

いけません（法208条2項）。根拠のない収入を歳出に充てて、後から返還請求を受けたら、役所に資金不足が生じかねないのです。

なお、収入を受け入れる「収納」は、出納機関である会計管理者の権限です。

収入は、現金によることが原則ですが、図表4－13の方法も可能です。

06

入札ってなんだ？

契約事務の種類と手順

契約事務

★★☆

▽自治体と契約

役所における業務の執行は、多くの契約に基づいて行われます。道路工事に関する工事請負契約、コピー機の利用に関する賃貸借契約、施設の清掃に関する業務委託契約など、皆さんもこれらの事業者とやり取りをすることは少なくないはずです。

契約は、本来、**二者以上の者が対等の立場で権利・義務を発生させることを合意することによって法的効果が生じる**ものですが、健全な財政運営を図るため、自治体が行う契約の諸手続には、一定のルールがあります。

▽契約の種類

自治体が締結する契約は、⑴に掲載の**一般競争入札によることが原則です。**⑵〜⑷に掲げるものは、特定の場合に限って認められています（法234条）。これらの種類ごとのメリットとデメリットは、図表4－14のとおりです。

⑴一般競争入札

契約の相手方となる者の選定のための手続に**不特定多数の参加者**を認め、その自治体に**最も有利な価格で申込みした者と契約を締結する方法**です（法234条3項）。

一般競争入札により契約を締結しようとするときは、入札に参加する者に必要な資格、入札の場所と日時その他入札について必要な事項を公告しなければいけません（法施行令167条の6）。

⑵指名競争入札

あらかじめ契約の履行能力等に**信用のおける資格を定め**、その資格を有する者のう

【図表 4-14】契約種類ごとのメリットとデメリット

	メリット	デメリット
一般競争入札	契約の機会均等、公正性の点で優れている。	手続が煩雑で、事業者によっては契約が確実に履行されないおそれがある。
指名競争入札	対象者をあらかじめ限定していることから、契約履行の確実性は高まる。	契約の相手方が固定されがちで、談合等の不正が生じやすい。
随意契約	手続が簡単で、信用できる相手方を選ぶことができる。	公正性の点で問題が生じやすい。

※「せり売り」は、動産の売払いの場合にのみ対象となる。

ちから、適当であると認める**特定の者を指名した上で、入札の方法により決定した相手方と契約を締結する方法**です（法施行令167条の5第1項、167条の11第2項）。

指名競争入札によることができるのは、以下の場合です（法施行令167条）。

①契約の性質・目的が一般競争入札に適さない場合（特殊な技術を要し契約相手方が特定される場合など）

②入札参加者が一般競争に付すべき必要がないと認められる程度に少数である場合

③一般競争に付することが不利と認められる場合

(3) 随意契約

競争の方式ではなく、**任意に適当と認める相手を選定して契約を締結する方法**です。

随意契約によることができる主なものは、以下の場合です（法施行令167条の2）。

①契約の種類に応じ、自治法施行令で定める額の範囲内において、規則で定める額を超えない契約をする場合
②契約の性質・目的が競争入札に適さない場合
③障害者支援施設、シルバー人材センター等の一定の者が相手方である場合
④緊急の必要により競争入札に付することができない場合
⑤競争入札に付することが不利と認められる場合
⑥競争入札に付し入札者がない場合、又は再度の入札に付し落札者がない場合

(4) せり売り

買受人が口頭による価格の競争を行う方法です。動産の売払いのうち、この方法が適しているものについて行うことができます（法施行令167条の3）。

競争入札（一般競争入札・指名競争入札）は、原則として、自治体に最も有利な価格で申込みをした者を契約の相手方とするものですが、次のようにいくつかの例外があります。

①**低入札価格調査制度**（法施行令167条の10第1項）
②**最低制限価格制度**（法施行令167条の10第2項）
③**総合評価方式**（法施行令167条の10の2第1項）

これらはいずれも、契約における必要な条件を達成するため、価格のみによる比較を補完することを目的としたものです。

▽契約の締結

自治体における契約の締結は、長の権限です。教育委員会など他の執行機関や、長の補助機関である職員が自らの名義で契約行為を行うには、長からの委任が必要です。ただし、公営企業（水道事業、交通事業など）における契約は、公営企業の予算の執行者が企業管理者であることから企業管理者が締結します（地方公営企業法9条8号）。自治体が契約書を作成する場合は、長かその委任を受けた者が契約の相手方とともに契約書に記名押印しなければ、契約は確定しません（法234条5項）。

なお、政令で定める基準に従い条例で定める一定額以上の契約の締結に関しては、議会の議決が必要です（法96条1項5号）。実務上の対処として、議案の提案に先立って、対象事業者と仮契約が締結されます。

▽事務ミスを防ぐために

契約における諸手続について、地方自治法や同法施行令、また、それぞれの自治体における財務規則や関係規程に定められている詳細なルールをすべて覚えるのはなかなか大変です。

確認が必要な項目に漏れがないようにするための手法として、図表4－15のようなチェックシートを活用してみてはいかがでしょうか。チェックシートの作成のコツは、いきなり完璧なものを目指さず、「まず、始めてみること」です。

【図表 4-15】起案チェックシートの例（随意契約）

件名			
契約種類	□ 請書 □ 契約書	予定価格（設計金額）	円

分類		確認内容		担当確認	係長確認
添付書類		以下の資料が起案に記されている			
			予定価格書	□	□
			見積書	□	□
			契約書	□	□
			仕様書	□	□
起案の内容	決裁区分	予定価格に応じて財務会計規則に定める専決区分である		□	□
	起案者	起案書が適切		□	□
	起案文	以下の内容が記載されている		□	□
			見積徴取日、予定価格内である旨、事業者との契約締結を伺う内容が記載されている	□	□
			事業の名称、事業期間	□	□
			契約金額	□	□
			契約締結先	□	□
予定価格書封筒		紙の合わせ目に押印されている		□	□
見積書封筒		市長名の記載がある		□	□
		見積書徴取日が正しく記載されている		□	□
		件名が正しいものである		□	□
		紙の合わせ目に代表印が押印されている		□	□
		封印後、開封されている		□	□
見積書		市長名の記載がある		□	□
		見積徴取日、件名が封筒の記載と一致している		□	□
		代表印が押印されている		□	□
		消費税を含まない旨の記載がある		□	□
契約書		前年度の写しを利用せず、最新の書式を利用している		□	□
		事業名、事業場所が見積書と一致している		□	□
		契約金額と見積書の金額に相違がない		□	□
		相手方の代表者と見積書の代表者が一致している		□	□
		（消費税・遅延違約金等の記載があるとき）税率・遅延金の率が適切な率である		□	□

07

歳入歳出の結果は？

決算の内容と手続

決算

★★☆

▽お金を使ったら要チェック

決算とは、**一会計年度の歳入歳出予算の執行の結果の実績を表示した計算表**のことをいいます。

自治体の活動は、一般に予算の支出が伴います。その手続には慎重な手順が定められていますが、契約の内容などが達成され、支出が完了して終わりではありません。支出に至るまでの手続は妥当であったか、また、その効果は十分であったかなど、決算には厳しいチェックが入ります。

▽出納整理期間

自治体の会計年度は4月1日から翌年の3月31日までです。年度末までに収入・支出の原因が発生したものは、年度内の収支として整理しなければいけません。ただし、例えば3月31日に発生した事実について、同日中に支払手続まで完了することは、ほぼ不可能です。

このため、会計年度が終了しても、翌年度の5月31日まで**出納整理期間**が置かれています。新年度に入っても、職員が前年度の伝票の処理に追われるのは、このような理由によります。

▽決算の調製から監査委員による審査まで

会計管理者は、出納の閉鎖（5月31日）から3か月以内に、調製した決算を長に提出しなければいけません（法233条1項）。その際、「歳入歳出決算事項別明細書」

「実質収支に関する調書」「財産に関する調書」を併せて提出する必要があります（法施行令166条2項）。

会計管理者から長に提出された決算等は、監査委員によって審査されます（法233条2項）。**監査委員の審査**のために、上司や先輩が準備している様子を見た読者もいるかもしれません。監査委員の審査では、主に支出手続の妥当性に重きが置かれて確認が行われます。

▽議会による承認

監査委員の審査の後は、審査結果に関する意見書（監査委員の合議によります）を付けて、次の通常予算を審議する会議まで（一般的には、9月議会頃）に、議会に決算認定を求めなければいけません（法233条3項・4項）。皆さんの上司や先輩は、今度は、**議会の承認**を得るために必要な資料づくりに追われることになります。議会では、監査委員の審査とは違った視点から、支出の内容について確認が行われます。

決算の認定に際しては、会計管理者から提出された関係書類と併せて「主要な施策

【図表 4-16】決算の流れ

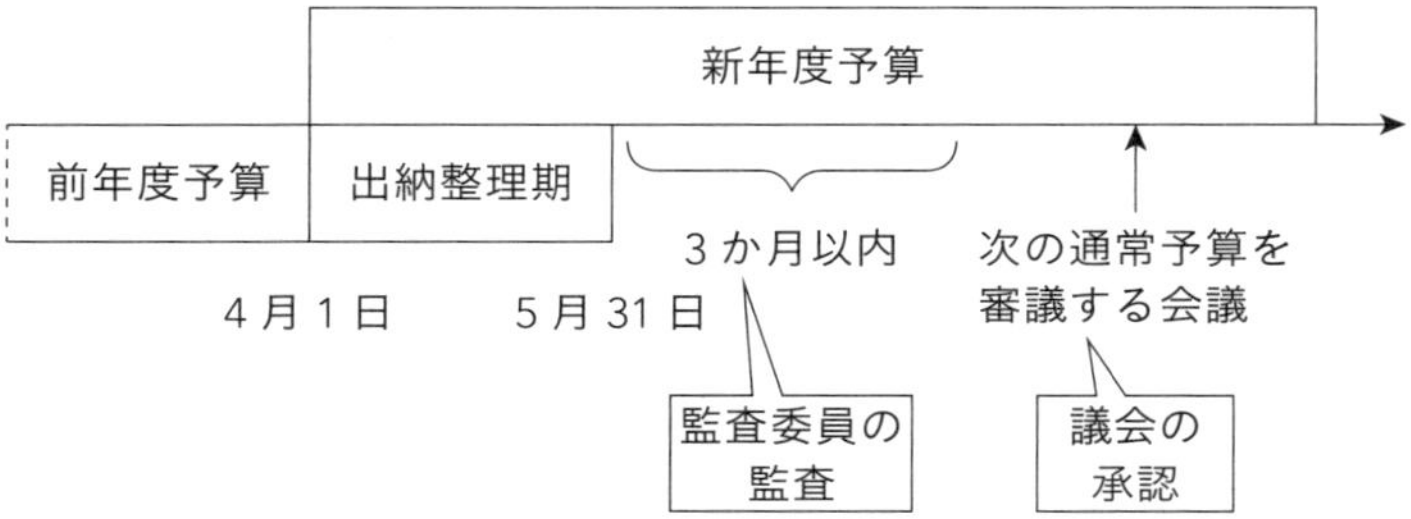

の成果を説明する書類」等を提出することが必要です（法233条5項、法施行令166条2項）。決算は数字で表現された収支であることから、具体的な実績を明らかにするわけです。

認定がなくても収支の事実についての効力に影響はありませんが、長は、決算の認定に関する議案が否決された場合において、議決を踏まえて必要と認める措置を講じたときは、速やかに措置の内容を議会に報告するとともに、これを公表しなければいけません（法233条7項）。

これらの流れをまとめると、図表4－16のようになります。

08

財産に違いがあるの？
行政財産・普通財産

公有財産

★☆☆

▽行政財産と普通財産

役所で仕事をしていると、**行政財産・普通財産**という言葉をよく聞きます。役所の財産のうち、これらは併せて**公有財産**と呼ばれます。

「行政財産」とは、**自治体において公用または公共用に供し、または供することを決定した財産**です（法238条4項）。ここで、「公用に供する財産」とは、自治体がその事務・事業を執行するため直接使用するもの（庁舎、議事堂など）で、「公共用に供する財産」とは、住民の一般的な利用に供することを目的とするもの（道路、学校、公園など）です。**役所本来の「しごと」に使われる財産**といってよいでしょう。

【図表 4-17】

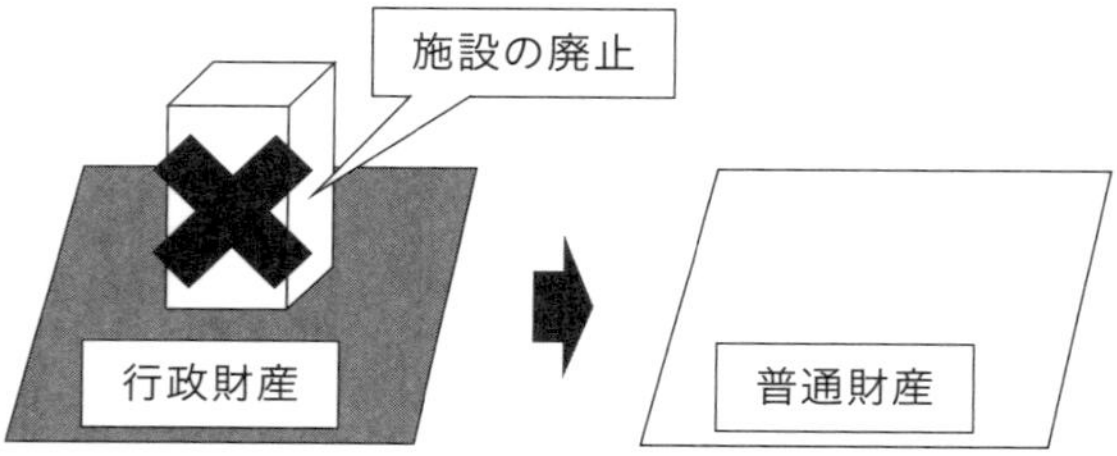

これに対し、「普通財産」とは、**行政財産以外の一切の財産**をいうものとされています（法２３８条４項）。

学校等の施設がその利用目的を終了した場合は、行政財産としての用途を廃止した上で、普通財産として管理されます（図表４－17）。役所本来の「しごと」には使われなくなったので、必要に応じて、売却等が検討されます。

▽行政財産の目的外使用と貸付け

普通財産には、貸付け・交換・売払い・譲渡等の制限はありません(法２３８条の5第1項)。貸付け・交換・売払い・譲渡等に際しては、企業や一般人と同じく民事上の契約が交わされます。

これに対し、行政財産は、役所の「しごと」に使われていることから、原則として貸付け・交換・売払い・譲渡等を行うことができません（法238条の4第1項）。これに違反する行為は、無効とされており（同条6項）、第三者がその使用を行うためには、管理者の許可が必要です。なお、自治体の財産の管理は長の権限ですが（法149条6号）、学校等の教育財産の管理は、教育委員会の権限に属します（地方教育行政の組織及び運営に関する法律28条1項）。

行政財産のうち庁舎その他の建物やこれらの敷地について、その床面積や敷地に余裕がある場合は、その余裕がある部分を、自治体が適当と認める者に貸し付けることができます（法238条の4第2項4号）。

平成18年にこのような行政財産の貸付制度が導入された背景には、市町村合併や行政改革、少子化の進展などから、庁舎や学校等の空きスペースの有効活用が検討された経緯があります。この場合の貸付けについても、普通財産の貸付けと同様に、民事上の契約によって行われます。

行政財産の貸付けとしては、庁舎の一部にコンビニエンスストアが入る例や、役所の敷地内にコインパーキングが設置されるなどの例があります。

『町内を回ってみよう』

全職員のうち、その自治体の区域に住む職員の割合が低下している、という指摘を耳にすることがあります。

自治体にとっては、優秀な人材はどこの地域からでも欲しいところですが、遠方に住む職員だと非常時に参集するのが難しいという課題を抱えることになります。

職員自身にも、その自治体の区域外に住むことについて、メリットとデメリットがあります。

普段の仕事の内容によっては、休日にまで住民と顔を合わせたくないという人もいるでしょう。

また、普段の仕事では外出する機会がほとんどないという職員にとっては、いつまで経ってもまちの名前や道が覚えられないということにもなりかねません。余談ですが、筆者は、地元ではない自治体に採用され、４月早々、公用車（自転車）で道に迷ってしまい、あやうく、通行人に「市役所はどこですか？」と道を尋ねるところでした。

自治体の区域外に住む方には、休みの日にまちを見て回ってみることをお勧めします。自分の自治体を知るだけでなく、職員目線では気付かなかったまちの風景や生活感を肌で触れる良い機会になりますよ。

5時間目

公務員の基礎知識 法律編

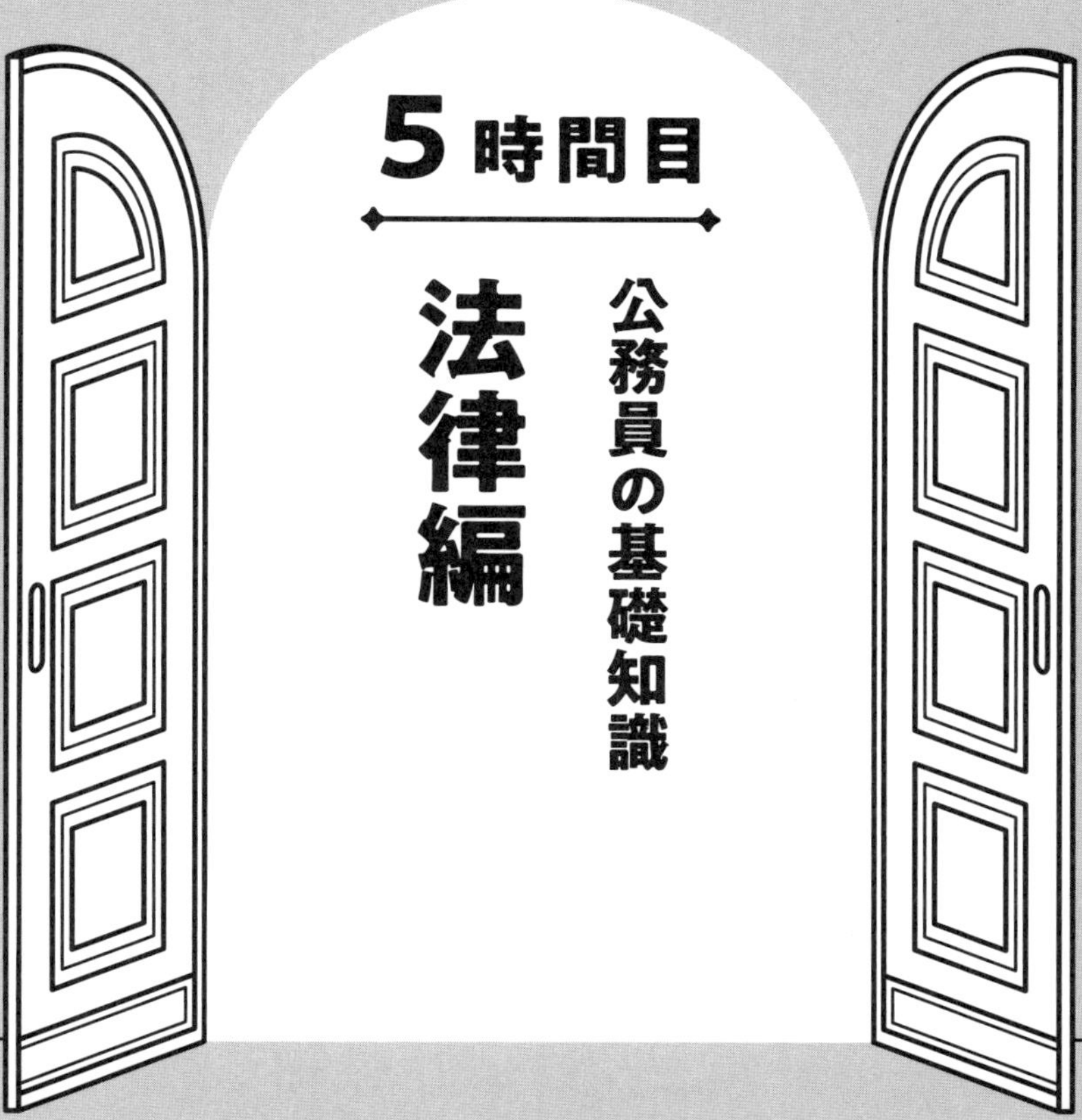

「法律って、むずかしい！」
でも、法律がわかれば仕事が楽になることもあります。本章では、「苦手」を「興味」に変えるための「ヒント」を掲載しました。

01

法律の基本①

★★★

法令と例規

法律に「偉い順」ってあるの？

▽「法」の関係

私たちの日々の生活は、法律に基づく様々な制度によって保証されています。法律やこれに基づく命令（政令や府・省令）などはそれぞれ役割が分担されており、それらの構成は、さながらジグソーパズルのようです（図表5－1）。

ところで、これらに「偉い順」はあるのでしょうか？

一番偉いというわけではありませんが、憲法は、我が国の最高法規です。

憲法を頂点とした「法」の位置付けは、図表5－2のようになります。

【図表 5-1】
私たちを取り巻く「法」のイメージ

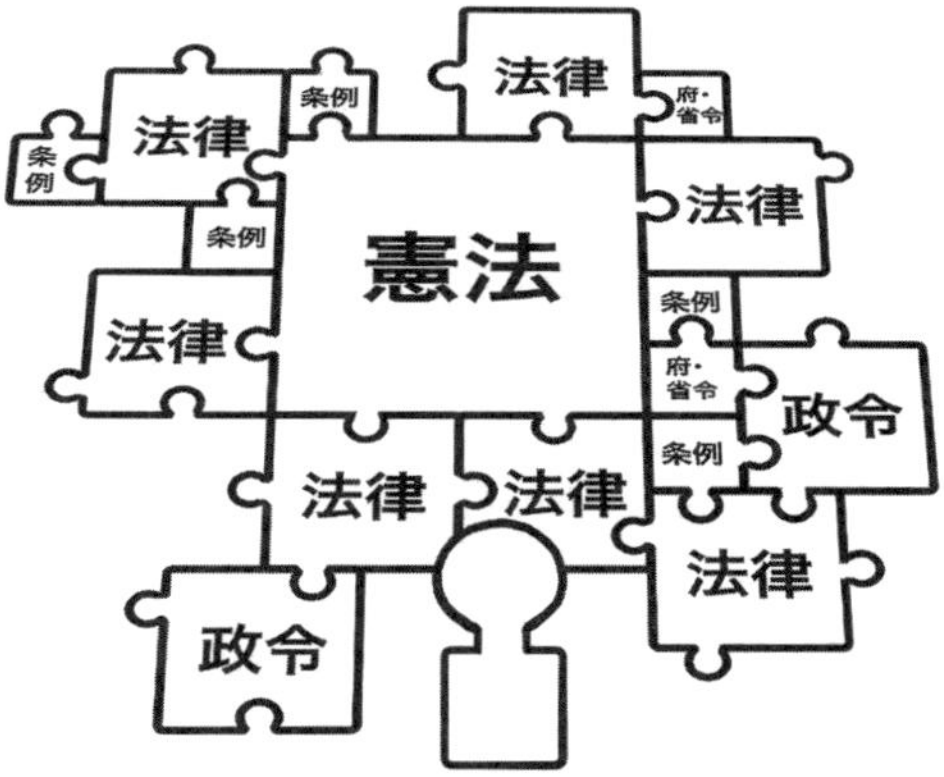

【図表 5-2】「法」の関係

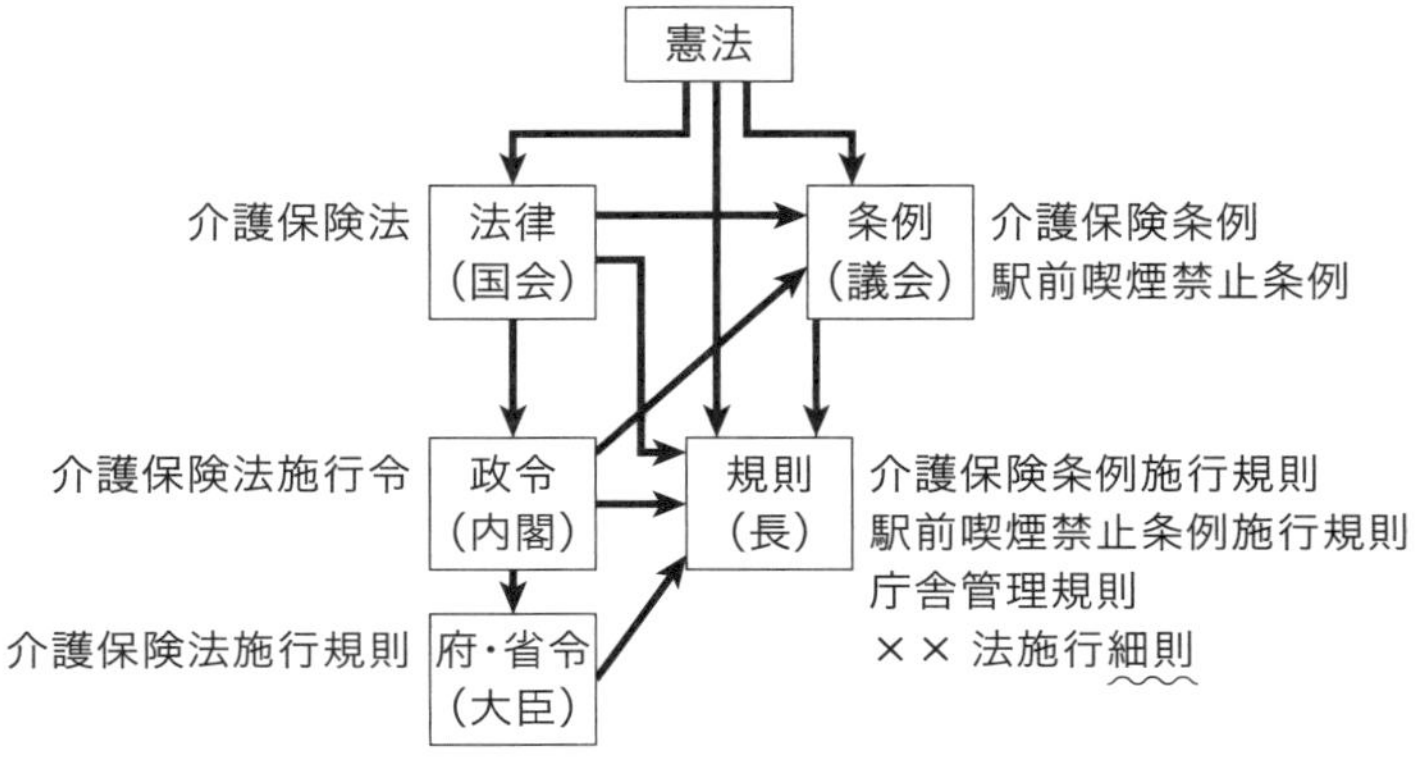

※矢印は、大まかな関係を表したものである。

○日本国憲法　第98条第1項
この憲法は、国の最高法規であつて、その条規に反する法律、命令、詔勅及び国務に関するその他の行為の全部又は一部は、その効力を有しない。

▽国の「法令」

法律と、これに基づいて定められる命令をまとめて**法令**と呼びます。「法・令」です。

(1)法律　国会で定められます。

(2)政令　内閣によって定められます。「内閣」とは、総理大臣と国務大臣で組織される合議制の機関です。

(3)府・省令　「府令」「省令」のことです。「省」とは、厚生労働省や国土交通省などです。「府」とは、内閣府のことです。「府」と「省」で名称は異なりますが、法律上の位置付けとしては同等です。

40歳以上の方が加入する介護保険は、介護保険法という法律に基づく制度です。ただし、**法律は制度的な安定を担保する一方で、機動的な対応が難しい側面があります。**保険制度自体に大幅な見直しがされたら利用者は混乱しますが、提供されるサービスの見直しが柔軟に行われなければ、保険制度の運営に支障が生じかねません。

介護保険法（法律）が大枠の内容を定めるのに対し、その詳細なルールとして介護保険法施行令（政令）や介護保険法施行規則（厚生労働省令）が定められるのは、このような理由によります。

▽自治体の「例規」

自治体の「条例」「規則」は、**例規**と呼ばれます。もともとは、「慣例による規範」の意味があるようですが、条例の「例」と規則の「規」と覚えてよいでしょう。

(1) 条例　議会の議決によって制定されます。

(2) 規則　長によって定められます。

介護保険の保険料の額は、介護保険条例で定められます（自治体ごとに保険料の額は異なります）。保険料の賦課通知の様式などは、介護保険条例施行規則に定められています。さっき似たような名称の介護保険法施行規則というのがありましたが、そちらは省令です。ややこしいですが、「施行規則」前に付くのが「法」か「条例」かで区別をつけるしかありません。

条例ではなく、法律に基づいて規則が制定されることもあります。ところが、「○法施行規則」と名前をつけると、省令か規則かわからないので、たとえば、建築基準法施行細則など、規則なのに「細則」と名称を付けることがあります。

▽個別の法律に基づかない「条例」「規則」

法律から直接の要請がなくても、自治体は、憲法が保障する自治立法権に基づき、地域の課題解決のために条例を制定することができます。

○日本国憲法　第94条
地方公共団体は、その財産を管理し、事務を処理し、及び行政を執行する権能を有し、法律の範囲内で条例を制定することができる。

> ○地方自治法　第14条第1項
> 普通地方公共団体は、法令に違反しない限りにおいて第2条第2項の事務（引用者注：地域の事務等）に関し、条例を制定することができる。

駅前でタバコを吸ってはいけないとする駅前喫煙禁止条例を定める自治体がありす。この場合、駅前喫煙禁止法という法律があるわけではありません。駅前喫煙禁止条例に基づく詳細な内容は、長によって駅前喫煙禁止条例施行規則が定められます。

なお、**規則は、長の権限の範囲であれば、法律や条例から直接の要請がなくても定めることができます。**

> ○地方自治法　第15条第1項
> 普通地方公共団体の長は、法令に違反しない限りにおいて、その権限に属する事務に関し、規則を制定することができる。

憲法の条文には「条例」の語しかありませんが、長が定める「規則」についても、自治立法権の範囲内と考えられています。長も議会の議員と同様に、住民による選挙に基づく役職であるからです。
法律や条例から直接の要請がない規則の例としては、庁舎の開庁時間や安全管理のための手段を定める庁舎管理規則があります。

▽義務・権利については条例で

先ほどの例に出した「駅前での喫煙禁止」は、条例で定められていました。原則として、**義務・権利に関する事項については、条例によらなければいけない**からです。

○地方自治法　第14条第2項
普通地方公共団体は、義務を課し、又は権利を制限するには、法令に特別の定めがある場合を除くほか、条例によらなければならない。

権利・義務に関する事項については、特に慎重を要するため、議会の議決を要する条例によるべきというのが法制度上の考え方なのです。

02
条文の構成
条文に「きまり」はあるの？

法律の基本②

★★☆

▽法律って読めなきゃダメ？

法律による行政の原理という言葉があります。「住民や事業者の権利義務に影響を与えるような行政の活動は、民主的なルールに基づいて作成された法律によらなければいけない」という考え方です。

「法律に何が書いてあるか」がわからなければ、本来仕事はできません。確かに、限られた人員で少なくない仕事の量をこなすため、事例とノウハウの蓄積に基づく前例踏襲は有効な手立てですが、前例踏襲ばかりで思考が停止してしまってはいけません。

▽条文はどこにある？

仕事で条文を確認しなければいけない！　そんな時はどこを探せばよいのでしょうか？

法令を確認するため、手近なのが**六法**です。

「六法」とは、**憲法・民法・商法・民事訴訟法・刑法・刑事訴訟法**の６大法典をいうものとされています。転じて、主要な法令を集めた書籍も「六法」と呼ばれます。

自治体の職員に馴染みがある「自治六法」は、複数の出版社から刊行されています。また、「福祉六法」や「環境六法」など分野別の法令集を職場で目にされたこともあると思います。これらの専門的な六法は、判例や行政実例（法令の運用、解釈、適用等についての自治体等からの照会に対し、国の行政機関が発した回答）が参照できるなど、構成が工夫されています。

また、法令の内容は、総務省がインターネット上で提供している法令データベースでも確認することができます。

自治体の例規は、それぞれの自治体でデータベース管理されているほか、多くの自治体でインターネットによる公開が行われています。

なお、これらの六法やデータベースを参照する際は、その内容の更新時点がいつであるか注意する必要があります。法令や例規には、改正の頻度が高いものがあり、改正の内容が大きなものであることも少なくないからです。

▽条文を指定するには

法令の内容を人に説明する際は、「どこに書いてある」を言える必要があります。また、仕事の参考資料等に記載された条文を確認する場合には、該当する箇所を探せなければいけません。

条文の内容は、**条**・**項**・**号**をもって指定されます。ただし、これらは、後述のように、単に「大分類・中分類・小分類」の関係にあるわけではありません。

図表5－3の例に照らしながら、条・項・号とは何かを確認していきましょう。

(1) 条・項

法令の最も基本的な単位は「条」です。辞書によれば「条」の字には「長いもの」という意味があり、中国では蛇や川を1条、2条と数えるそうです。

「条」の内容を文章で細分化するときは、原則として「項」が使われます。項は、第2項以下の冒頭に「2、3、4、…」と算用数字が付されます。文章の段落に対し、便宜的に番号を振っていると考えればわかりやすいでしょうか。辞書によれば、「項」の字には「事項をわけた一つ一つ」「単位」の意味があるそうです。

条文には、「第○条の2」「第○条の3」のように、「枝番」が付された条があります。これらの枝番は、既存の条の間に後から条文を追加する際、その位置関係から便宜的に付されたものにすぎません。したがって、前後の条文に必ずしも関係があるものではなく、「項」とも全く別物です。

(2) 本文・ただし書、前段・後段

これら「条」や「項」が、2つの文章で構成されることがあります。「～。～」のような場合です。

後の一文が「ただし」で始まっている場合は、その後の一文を**ただし書**と呼び、前

の一文を**本文**と呼びます。後の一文に「ただし」が付されていない場合は、前の一文を**前段**と呼び、後の一文を**後段**と呼びます。

(3) 号

「条」や「項」の内容を細分化し、原則として体言止めで列記するときは「**号**」が用いられます。居酒屋の壁に、手書きのメニューが「枝豆　500円」「お新香　500円」と並ぶイメージです。

号の冒頭に、縦書きでは「一、二、三、…」と漢数字が振られます。自治体によって例規が横書きの場合は「(1)、(2)、(3)、…」が使われます。

「号」をさらに細分化するときは「イ、ロ、ハ、……」が使われます。自治体によって例規が横書きの場合は「ア、イ、ウ、……」が使われます。

これらを地方自治法の条文で確認したものが、図表5－3です。

え？　その条文に書かれた中身が難しいですって？　では、条文を読むコツを次にご説明しましょう。

【図表 5-3】条文の指定の仕方

	（読み方）		○地方自治法
第4条	第4条第1項		第四条　地方公共団体は、その事務所の位置を定め又はこれを変更しようとするときは、条例でこれを定めなければならない。
	第4条第2項		2　前項の事務所の位置を定め又はこれを変更するに当つては、住民の利用に最も便利であるように、交通の事情、他の官公署との関係等について適当な考慮を払わなければならない。 3　（略）
第4条の2	第4条の2第1項		第四条の二　地方公共団体の休日は、条例で定める。
	第4条の2第2項		2　前項の地方公共団体の休日は、次に掲げる日について定めるものとする。
		第4条の2第2項第1号	一　日曜日及び土曜日
		第4条の2第2項第2号	二　国民の祝日に関する法律（昭和二十三年法律第百七十八号）に規定する休日
			三　（略） 3　（略）
	第4条の2第4項	第4条の2第4項本文 ※＿＿部分	4　地方公共団体の行政庁に対する申請、届出その他の行為の期限で法律又は法律に基づく命令で規定する期間（時をもつて定める期間を除く。）をもつて定めるものが第一項の規定に基づき条例で定められた地方公共団体の休日に当たるときは、地方公共団体の休日の翌日をもつてその期限とみなす。
		第4条の2第4項ただし書 ※〰〰部分	ただし、法律又は法律に基づく命令に別段の定めがある場合は、この限りでない。
			（略）
第11条	第2項以下がないので、「第11条第1項」とは言わない。		第十一条　日本国民たる普通地方公共団体の住民は、この法律の定めるところにより、その属する普通地方公共団体の選挙に参与する権利を有する。

03

条文はどう読めばよいの？
条文を読むコツ

法律の基本③

★★☆

▽こうすれば読みやすい

法律の条文を読むのは、慣れないうちはなかなか骨が折れます。それでも、法律の文章には、読む人間を共通の解釈に導くための一定の「お作法」があります。「習うより慣れろ」で、苦手意識を持たず、条文を読む経験を積み重ねていきましょう。

(1)カッコ書を飛ばして読む

条文の中にカッコ書がある場合は、カッコ書を飛ばして読んでみましょう。

用語の定義や対象の例外など、補足的な説明をいちいち頭の片隅に置きながら理解を進めるのは、脳のキャパシティ上、限度があるからです。

条文によっては、カッコ書の中に、さらにカッコ書があるものもあります。資料に書き込みが可能であれば、マーカーなどで対応するカッコを確認しながら読み進めると良いでしょう。

(2) 「誰が」「何を」「どうするのか」を確認する

法律の条文は、主語・述語・目的語を明確にすることが心掛けられています。何行にもわたる長文であっても、「誰が」「何を」「どうするのか」を確認し、文章の構成を整理してみましょう。

資料に書き込みが可能であればボールペンなどで、主語・述語・目的語に傍線を引いたり、これらの語を丸や四角で囲ったりするなどの工夫をしてみましょう。

これらによって、地方税法の条文を整理してみたのが図表5－4です。

【図表 5-4】読みにくい条文の読み方

○地方税法

（地方税優先の原則）

第十四条　地方団体の徴収金は、納税者又は特別徴収義務者の総財産について、本節に別段の定がある場合を除き、すべての公課（滞納処分の例により徴収することができる債権に限り、かつ、地方団体の徴収金並びに国税及びその滞納処分費（以下本章において「国税」という。）を除く。以下本章において同じ。）その他の債権に先だつて徴収する。

▽「つまみ食い」に注意

最後に大事な補足です。法律を読む際に、必要な条文だけ「つまみ食い」するのは危険です。

というのは、条文には定義規定や略称規定など用語の特殊な使用や、他の条項で例外的な規定（「第○条の規定にかかわらず、～」など）が置かれることがあるからです。

条文を読む際は、前後の条項や関連がありそうな規定には、念のために目をとおしておきましょう。関連がありそうかどうかは、法律の目次や各条文の前にカッコ書きで掲載されている見出しで、おおよその検討をつけることができます。

04

どうやって勉強したらよいの？

法律知識の習得法

自己研鑽

★☆☆

▽法律知識の習得法

「私は法律の勉強をしないで役所に入りました。仕事に法律が必要なのはわかりますが、どこから手を付ければよいでしょうか？」職員の方から、そんな相談を受けたことがあります。

ここでは、勉強のコツをいくつか紹介しましょう。これらを契機にしていただければ、最初は個別の知識のように思えた内容も、やがて点と点が線でつながるように、理解が広がることと思います。

なお、法律には、独特の「お約束」があります。法律の構造や政令・省令との関係、その効果などについてある程度理解すると、部署を異動して違う分野で仕事をする際にも法律を読む勘がはたらきます。

(1)仕事の根拠を確認する

まずは、日常業務において、仕事の根拠となる法律等を確認するよう心がけてみましょう。

仕事で目にする通知や資料に法律等の条項が引用されている場合は、ちょっと手間でも条文を確認すると、仕事と法律等との関係について理解が深まります。

(2)参考書を読んでみる

担当する仕事の内容について良い入門書があれば、1冊通読すると制度の概要を理解することができます。

法律によっては「逐条解説」と呼ばれる、条項ごとの解説書が刊行されている場合があります。通読するのは難しいかもしれませんが、通知や資料で引用されている条項について確認すると、その内容を理解する手助けになります。また、仕事場の本棚に並ぶ参考書の種類や内容を大まかに覚えておくと、急な調べもののときに困りません。

(3) 詳しい人に聞いてみる

役所の良い点は、どの部署にも「その道のプロ」がいることです。この人は詳しそうだ、わかりやすく説明してくれそうだ、という人を見つけたら、機会を見て話を聞いてみましょう。勉強に対するあなたの姿勢が伝われば、丁寧に対応してくれるのではないでしょうか。

組織を横断して交流を深めることは、知識の向上だけではなく、人間関係の構築など日頃の仕事のしやすさにもつながります。

事務上の疑問について課題解決の手だてが見つからない場合は、近隣の自治体に照会を行うのも良い方法です。何より、同じ問題の解決に努力している仲間の存在は、仕事の励みになります。ただし、その際は、守秘義務には注意しなければいけません。

(4) 先行事例に興味を持つ

ニュースや雑誌などで他の自治体の気になる事例を見つけられるよう、アンテナを高く張りましょう。

その対象や手段について、法的な側面から興味が持てるようになっておくと、いざというときに発想の幅が広がります。

(5) 資格試験・検定試験を活用する

担当するお仕事に関係する**資格試験**や**検定試験**がある場合は、受験を検討してみてはいかがでしょうか。

行政全般に関する知識の習得のためには、**行政書士資格**試験があります。公務員試験の内容と重複する部分も多いので、知識の確認にも効果的です。

なお、これらの試験のテキストは、受験者が効率よく学習するために解説が端的にまとめられていますので、実際に受験までしなくても、日常業務の手頃な参考書として重宝します。

著者が入庁時に固定資産税の担当となった際は、宅地建物取引主任者資格試験の参考書が重宝しました。土地利用に関する法律などの解説がまとまって掲載されていたからです。

『「行政処分」って、なんだ？』

「処分」なんて聞くと、ドキッとしますね。サスペンス映画では、「あいつを処分しろ！」のように、物騒な使われ方がされます。

行政処分とは、「行政庁の行為のうち行政庁の一方的な意思によって公法上の法律効果が生じるもの」です。宅地の開発許可や公の施設の使用許可のように申請に基づくもの（申請に対する処分）と、開発許可の取消しや税の賦課のように一方的に行われるもの（不利益処分）の２種類があります。

これに対し、民間で交わされる「契約」は、双方の合意に基づきます。税の賦課が双方の合意に基づくものであったら、制度が立ち行かなくなることは、おわかりいただけると思います。

このように「権力的」な処分を行う役所は、処分の対象となる住民や事業者に対し、その根拠について十分な説明ができなければいけません。

ただし、「○○法第○条に根拠規定がある」というだけでは不十分です。所定の要件に何が合致しないか（合致するか）、具体的に説明できる必要があります。

6時間目

公務員の基礎知識
議会編

「議会は自分には関係ない」と思っていませんか？　実は、自治体の仕事は議会を中心に回っています。議会の仕組みがわかると、議会とあなたの仕事とのつながりが見えてきます。

01

バッジを付けている人に出会ったら？

議員対応の基礎知識

議員対応

★★☆

▽議員バッジ

職場で、「バッジを付けた人」という呼び方や、指で丸を作ってスーツの襟の部分に当てるジェスチャーを見聞きすることがあります。「バッジ」は、議員バッジ（**議員き章**）のことを指す隠語で、大きな声では話しにくい会話の中で議員を表現するときなどに使われます。

議員バッジには、都道府県議会、市議会、町村議会ごとに共通のデザインがあり、独自のデザインを使う議会もあります。いずれも金属の丸い台座をモール織等の生地で包み、真ん中に花をモチーフにした金色のマークが入った独特の形状をしているので、見慣れると「この人は議員だ」ということが一目でわかるようになります。

▽議員とは

地方議会の議員は、自治体の非常勤特別職であって、議員の選挙権を有する25歳以上の者（被選挙権者）の候補者の中から選挙によって選ばれます。任期は4年で、兼職・兼業が禁止されるほか、免責特権の保障（憲法51条）は及びません。なお、議員の定数については、自治体の規模等にかかわらず、条例で定めることとされています。これらの議員に関する基本的な事項は、自治法の第2編第6章で定められています。

▽議員バッジを付けた人とは、意外とよく会う

議員とは、庁舎、街中など、いろいろな機会と場所で顔を合わせます。議員は、職業柄、人の顔をよく覚えているので、うっかり挨拶を忘れてしまうと、後日、あなたの上司が、議員から「あの職員は私に挨拶もしなかった」と注意されてしまうかもし

れません。議員の顔を覚え、しっかりと挨拶するように心がけてください。

また、視察に訪れた他の議会の議員に会うこともあります。「ここの職員はマナーがなってない」などと言われないよう、こうした議員にも挨拶を忘れないでください。面識や場所にかかわらず、議員バッジを付けた人に会ったら挨拶をするという習慣を身に付けることが望ましいです。

あなたの課の業務は、いずれかの常任委員会（6時間目5参照）所管に含まれるので、その常任委員会の委員（議員）から問合せが来ることがあります、まずは、課の業務に関係する常任委員の顔と名前を覚えるところから始めましょう。

▽資料の提供を求められたら

議員から資料や情報の提供を求められることがあります。議員に協力することで議案審議などがスムーズに運ぶことが期待できるので、議員の求めに応じて資料や情報を提供することは、広く行われています。

しかし、議員には、執行機関に資料や情報の提供を要求する法的な権限はありません（事務検査権や調査権は、議会の権限です）。仮に、一部の議員を優遇するかのような対応をしてしまうと、他の議員とのトラブルの種にもなりかねません。議員に資料や情報を提供する場合には、上司とも相談しながら慎重に対応する必要があります。

▽議員対応の心得

新人職員が議員と接する機会は多くはありませんが、議員とのちょっとした会話の際に失敗をしないよう、次の2点を覚えておいてください。

(1) 自治体のために仕事をしているという点では、議員も職員も同じ

議員は、仕事をしっかりやっている職員に対しては敬意を払ってくれます。自分の仕事に自信をもって議員に対応しましょう。

(2) 議員の面子を傷つけるような言動は厳に慎む

議員の活動を支えているのは、住民に選ばれて議員になったという誇りと熱意です。議員にとって、その立場を軽んじられることは、住民を軽んじていることと同じなのです。

02

議会は何のためにあるの？

自治体のチェック＆バランス

議会の役割①

★★★

▽議会の季節がやってくる

どの職場も、議会の開会時期が近づいてくると落ち着かない雰囲気になります。皆さんの職場でも、部長や課長が「条例案がスムーズに可決されると良いのだけれども……」とか「答弁の原稿はどうなってる？」と走り回っているかもしれません。

部長や課長は、いったい何のために走り回っているのでしょうか。

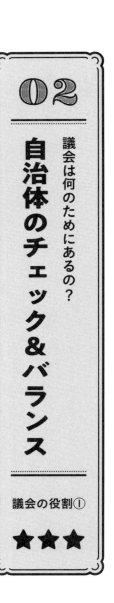

【図表6-1】抑制と均衡（チェック＆バランス）の関係

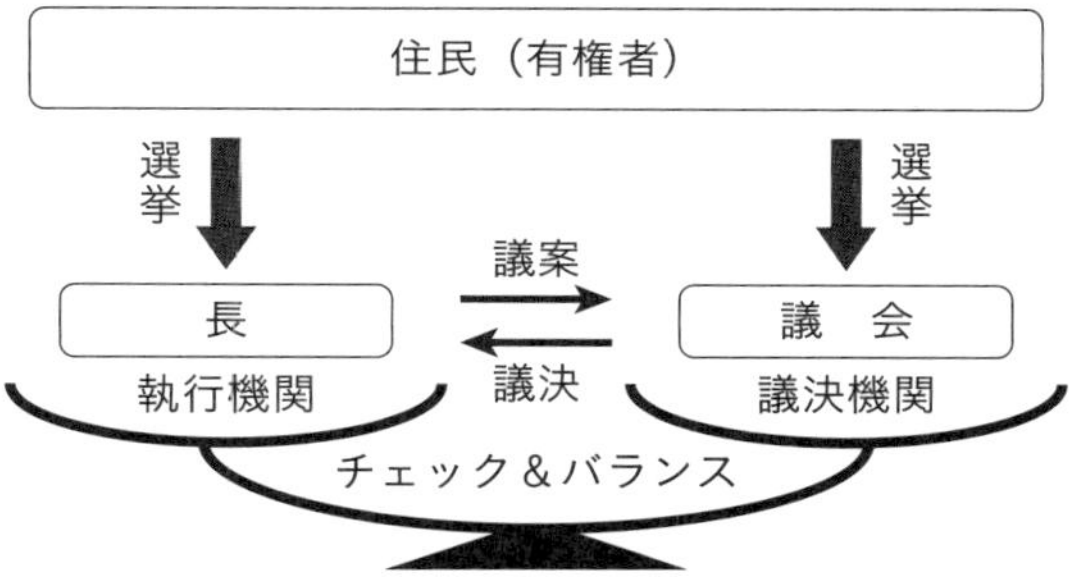

▽チェック＆バランスの担い手

日本の地方自治制度は、自治体の長と議会の議員の双方を住民の選挙で選出し、長（執行機関）と議会（議事機関）の2トップによって住民を二元的に代表させる**「二元代表制」**を採用しています（憲法93条2項）。

長と議会は、図表6－1のように**抑制と均衡（チェック＆バランス）**の関係に立ち、車の両輪となって自治体を運営します。自治体は、長と議会の両者が協働することによって、初めて適正に運営することができます。

▽議会が駆使する権限あれこれ

2トップとはいえ、長の持つ権限は議会に比べて、より強力です。そこで、議会には、長の事務をチェックし、事前にブレーキをかけたり事後に検証したりする役割が期待され、次の権限が与えられています。

(1) 地方公共団体の意思を決定する権限（議決権）

条例、予算、契約など、法令で定められた重要な事項（議決事項）を議決し、自治体や議会の意思を決定する権限です。議会にとって、本来的な権限であると同時に、長の政策を事前にチェックするために不可欠な権限です（6時間目4参照）。

なお、議会の事前のチェックの例外として、2つの制度があります。

①再議権　長が、議会の議決について、審議のやり直しを求める権限です（法176条）。長と議会が対立したときに、ぎりぎりの調整を図るために機能します。なお、長が提案し否決された議案は、再議の対象には含まれません。

②専決処分　長が、議会に代わって議会の議決事項や決定事項を処分することをい

います（法179条、180条）。

(2) 執行機関の事務を監視する権限（監視権）

長の事務を事前・事後にチェックする権限です。検査権（法98条1項）、監査請求権（法98条1項）のほか、重要な権限として、次の2つがあります。

①100条調査権　自治体の事務全般を調査する権限です（法100条1項）。詳しくは、6時間目5でご紹介します。

②不信任議決権　長と議会との信頼関係が崩れてしまった場合に、「もはや長を信頼してその地位を任せることはできない」ことを議決する権限です（法178条1項・3項）。不信任案が可決されると、長は、議会を解散するか失職するかを選択します。議会を解散したとしても、解散後の選挙を経て初めて招集された議会で再度不信任案が可決された場合には、長は失職します。

(3) 議会の自律的な地位を守る権利（自律権）

議会が長との対等な関係を維持するために、その運営や組織について自ら規律する権限です。議長、副議長等を選出する権限（法103条1項）、議場の秩序を維持する権限（法129条）、議員に対する懲罰権（法134条）などがあります。

▽議会の理解と議決を得るために

長にとって、自ら提案した議案が議会の審議を受けることは、自らの政策が議会を通じて住民にチェックされることをも意味します。いくら素晴らしい政策でも、住民の理解と協力が得られなければ、思い描いていた成果を上げることはできません。そこで、執行機関の職員は、長の政策を実現するために、政策を議会に説明し、納得してもらい、議決という形で「お墨付き」をもらわなければなりません。

あなたの職場の部長や課長は、長の政策が議会から理解と議決を得るために走り回っていたわけです。

03

議会って何をしてるの？

用語で見る議会のサイクル

議会の役割②

★★★

▽議会の始まりから終わり

先輩職員から「議会中継を見てごらん」とアドバイスされることがあると思います。しかし、議会のサイクルもわからないまま、ただ漠然と議会中継を見てみても、何をやっているのかさっぱりわからないまま終わってしまいかねません。

議会のサイクルがわかると、自治体の政策がどのようにして決定されているのか、自分の仕事がサイクルのどこに関わっているのかがイメージできるようになります。

定例会の始まりから終わりまで、用語の意味を追いながら確認していきましょう。

【図表 6-2】議会のサイクル

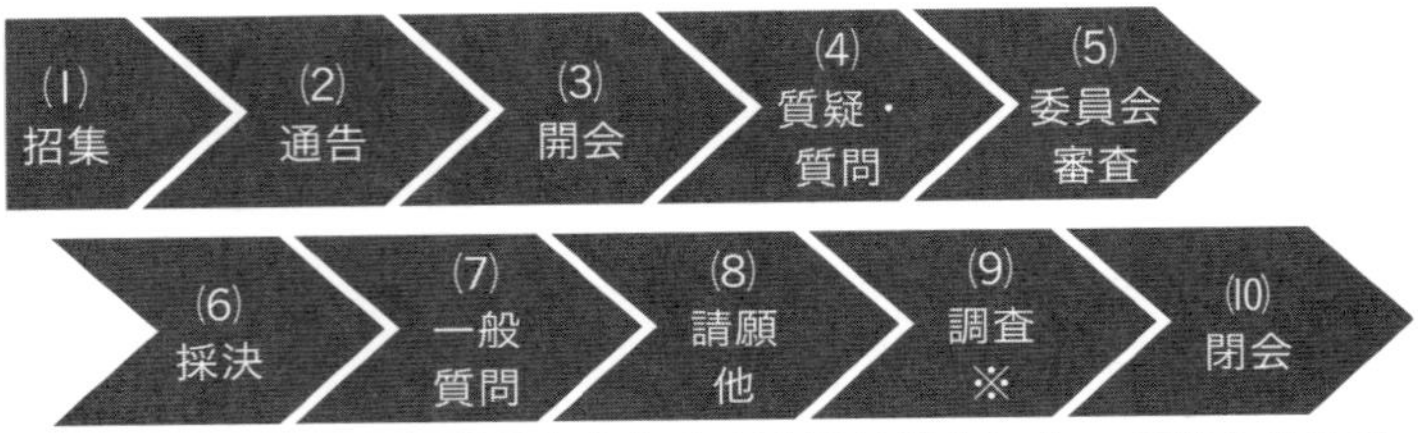

※一般質問を実施する時期は議会によって異なります。

(1) 招集

定例会のサイクルは、議員を呼び集める「**招集**」から始まります。

定例会の招集権限は、長にあります（法１０１条１項。臨時会については、同条２項～６項）。招集は、原則として、都道府県と市は開会日７日前、町村は開会日３日前までに告示しなければならず（法１０１条７項）、告示日には、議員に議案が配布されます。

また、この頃に、議会から執行機関に対する「**出席要求**」がされます（法１２１条１項）。一般的に、部長職以上の職員は、所管の事務について議案が出ていなくとも、全員が要求を受けて出席しているようです。

(2) 通告

議員は、執行機関に質疑・質問をするには、事前にその内容を議長に「**通告**」しておかなければなりません（町村を除く)。これを「通告制」といいます。

通告内容は執行機関にも明らかにされるので、執行機関は、質疑・質問に対する答弁を議員と事前に調整することができます。これを「**答弁調整**」といいます。

通告制には、本会議の議論を充実させ、効率的に議会を運営するという点にメリットがある反面、本会議から緊張感が失われかねないというデメリットもあります。

(3) 開会

議長が開会を宣告することにより定例会が始まり、続いて議長による会議録署名議員の指名、会期の決定、長による議案の提案理由の説明などが行われます。

2月又は3月定例会では、自治体の次年度の行財政策の方針を示すものとして、長の「**施政方針演説**」(または「**所信表明演説**」)が行われます。

なお、議会の会議は、原則として公開するものとされており(法115条1項)、傍聴のほか、多くの議会で議会中継や会議録の公開等がされています。

(4) 質疑・質問

長が提案した議案に対して、議員による質疑が行われます。

議案を本会議で扱うことを「**審議**」といいます(常任委員会で扱うことは「**審査**」

といいます）。また、議員が特定の議題について聞くことを「**質疑**」（議案質疑）、自治体の行財政全般について聞くことを「**質問**」（一般質問）といい、会派単位で質疑・質問を行うことを「代表質疑」・「代表質問」といいます。また、質疑・質問には、「1回の発言で通告した論点すべてについて質疑・質問する形式」（総括方式）、「1回の発言で1つの論点について質疑・質問する形式」（一問一答方式）、「初回の発言は総括方式、2回目からは一問一答方式」など、議会ごとに様々な方式が導入されています。

(5) 委員会審査

議案は、議案質疑を経た後、議員によって構成される各常任委員会に付託されます。委員会審査については、6時間目5でご紹介します。

(6) 採決

委員会審査が終わると、本会議が再開され、**議案の採決**が行われます。

議案は、原則として、議長を除く出席議員の過半数で決し、可否同数の場合は、議長が決します（法116条）。採決の方法には、起立、挙手、電子採決システムによるボタンの押下などがあります。

なお、採決に先立ち「**討論**」が行われることがあります。討論とは、特定の議案について、議員が賛成または反対の意見を表明することをいいます。

条例議案が可決されると、議決を証明する押印がされた条例案が、議決から3日以内に議長から送付され、送付を受けた長は20日以内にこれを公布します（法16条）。

(7) 一般質問

行財政政策に対する**一般質問**は、議員にとって執行機関に対する質問を通じて自らの政策や考え方をアピールする重要な機会です。一般質問は、議案質疑の後、委員会審査の前に行われる例や、議案の採決の後で行われる例もあります。

(8) 請願、陳情、意見書

長以外から提案される案件に、請願、陳情、意見書があります。

① 「**請願**」と「**陳情**」は、住民等が議会を通じて自治体に要望を伝えることをいいます。前者には議員の紹介が必要であり、後者には必要ないという違いがあります。「採択すべきか否か」を審査するため委員会に付託され、本会議で採決されます。

本会議で採択された請願・陳情は、内容に応じて議会から執行機関の各部署に送付されますが、執行機関は、その内容を実現する法的な義務までは負いません。

②議会は、自治体の公益に関することを「**意見書**」として国会又は国の行政機関に提出することができます(法99条)。意見書の提案権は、議員にのみ認められます。

本会議で可決された意見書は、国会又は国の行政機関に送付されますが、送付を受けた国会等は、意見書の内容を実現する法的な義務までは負いません。

(9)閉会中継続審査(調査)

会期中に議決されなかった議案は、原則として次の定例会には引き継がれず廃案となります(**会議不継続の原則**。法119条)。しかし、会期中に結論が出なかったものの継続して議論すべき議案については、議会閉会中も継続して審査・調査することについて議決がされます。この議題を「閉会中継続審査の件」「閉会中継続調査の件」などといいます。閉会中でも常任委員会が視察を行うことが出来るのは、閉会中継続調査の件が議決されていることによります。

(10)閉会

議長は、予定されたすべての日程を終了したことを確認すると、会議を閉じる旨を宣告します。この宣告によって定例会は閉会となり、一つのサイクルが終了します。

▽通年議会

「通年議会」とは、会期を1年間とする議会をいいます（法102条の2）。会期中、必要に応じ、議会の判断で本会議や委員会を開くことができるので、議会活動の活発化や緊急事態での迅速な対応といったメリットがある反面、議員活動が制約されたり職員の負担が重くなったりなどのデメリットも指摘されています。通年議会を導入したものの廃止したという議会もあり、さらなる工夫や改善の余地もあるようです。

04

議決事件ってどんな事件？

議会の議決と専決処分

議会の議決

★★☆

▽事件です!?

「**議決事件**」とは、議会の議決すべき案件をいいます（法96条1項各号・2項）。議決事件であるにもかかわらず議決を経ずに行われた行為は、原則として無効となってしまいます。普段から「これは議決事件ではなかったっけ？」と、ほんのちょっと気にする習慣を身に付けておくと、ミスのリスクを大きく減らすことができます。

ただし、自治法96条は項目数が多く、必ずしも読みやすい条文ではありません。この機会に、おおよその内容を押さえておきましょう。

▽議決事件（96条1項）

(1)条例の制定、改正、廃止（1号）

改める箇所が、たとえ一文字・数字一つであっても、「改正」に当たります。

(2)予算の決定（2号）

当初予算と補正予算が対象となります。議会は、減額修正または長の予算提出権を侵害しない範囲での増額修正を議決することができます。

(3)決算の認定（3号）

決算が否決（不認定）されても、決算の法的な効力に影響はありませんが、長の政治的・道義的な責任が残ります。

(4)地方税の賦課徴収、使用料、手数料等の徴収（4号）

これらの事項は、通常は法令や条例に規定されているので、実際に議決が必要となることは、ほとんどありません。

(5)条例で定める契約の締結（5号）

契約の締結は、予算の執行に関する行為として長の権限に属しますが、政令で定める基準に従って条例で定めた一定の重要な契約については、自治体への影響の大きさを考慮して、議決事件とされました。

(6)財産の交換、適正な対価のない譲渡、貸付け等（6号）

財産のイレギュラーな処分について、慎重を期すために議決事件とされました。条例で例外を定めることができるので、多くの自治体で、議決を要しない処分に関する条例が定められています。

(7)不動産の信託（7号）

信託とは、他人に所有権を預け、運用させることをいいます。信託の時点では、所有権は手放すものの運用による収益はまだ上がっていないという点で、予算（収入の予定）に類似します。そこで、予算と同様に、議決事件とされました。

(8)財産の取得又は処分（8号）

政令で定める基準に従って条例で定めた一定の重要な財産について、5号の契約の締結と同様の趣旨で議決事件とされました。

⑼負担付き寄附又は贈与を受けること（9号）

寄附・贈与を受けることにより、受ける際に交わした約束に基づいて自治体が何らかの負担を負う場合は、自治体の行財政に影響を及ぼす可能性があることから、議決事件とされました。なお、いわゆる「ふるさと納税」による「使途を指定した寄附」は、これには当たりません。

⑽権利の放棄（10号）

自治体の権利を失わせる行為について、慎重を期すために議決事件とされました。条例で例外を定めることができるので、議決を要せず放棄できる債権に関する条例（債権管理条例）を定める自治体もあります。

⑾重要な公の施設を長期かつ独占的に利用させること（11号）

公の施設（公民館など）の利用については不当な差別的取扱いが禁止されていることから（法244条3項）、条例で定める重要な公の施設を長期かつ独占的に利用させる場合について、慎重を期すために議決事件とされました。

⑿自治体が当事者である訴えの提起、和解等（12号）

「訴えの提起」とは、自治体が原告となって訴訟を提起することをいいます（同号の括弧書きで、自治体が当事者となる抗告訴訟（行政処分に対する不服の訴訟）などが除外されている点は注意が必要です）。自治体が被告として訴えられた場合、応訴には議決は必要ありませんが、控訴には議決が必要となります。

「和解」とは、互いに譲り合って事件を解決することをいいます。職員が職務中に起こした交通事故について、相手方と示談を締結する場合が典型的な例です。

⒀損害賠償の額の決定（13号）

自治体の行財政への影響を考慮して議決事件とされたもので、議決の対象は、自治体が支払うべき損害賠償の額の決定に限られます。

⒁公共的団体等の活動の総合調整（14号）

「公共的団体等」には、農協、漁協、商工会議所、社会福祉協議会などが当たります。長には、公共的団体等の指揮監督権が認められていますが（法157条1項）、総合調整を行うことについては慎重を期すため、議決事件とされました。

⒂法律又はこれに基づく法令により議会の権限に属する事項（15号）

指定管理者の指定（法244条の2第6項）、包括外部監査契約の締結（法252条の36第1項）、地方道路の認定（道路法8条2項）などがこれに当たります。

▽議決事件（96条2項）

自治体は、1項の議決事件とは別に、条例で議決事件を追加することができます。総合計画や基本計画の策定などを追加する例が多いようです。なお、国の安全に関することなどは議決事件とすることが適当でないため、追加できません。

▽専決処分

自治法96条の規定にかかわらず、長が議会に代わって議決事件を処分することができる場合があります。この処分を「**専決処分**」といいます。専決処分は、議会の事前チェックの機能より長による事務執行を優先させるべき場合を認めたもので、次の2つのパターンがあります。

(1)議会が議決・決定すべき事件（法179条1項）

長は、議会が議決しない（できない）4つの場面において専決処分をすることができます。
件数として最も多いのは、「特に緊急を要するため議会を招集する時間的余裕がないことが明らかであると認めるとき」で、4月1日付けで施行する税条例の改正や自治体が被告として訴えられた訴訟で控訴する場合などがこれに当たります。

(2)議会の権限に属する軽易な事項で議決により特に指定したもの（法180条1項）

議会自ら、一定の事項について長の専決処分を認める（指定する）ものです。職員の交通事故を速やかに解決するため、一定額以下の損害賠償額での和解の締結を指定する例が多く見られます。自治体ごとに様々な指定がされています。

長は、(1)、(2)の処分については、次の議会で報告し、(1)の処分については、さらに議会の承認を得る必要があります。承認の議案が否決されても専決処分の効果に影響はありませんが、条例の制定改廃と予算に関する専決処分の承認の議案が否決された場合には、長は、速やかに必要な措置を講じ、その旨を議会に報告しなければなりません（法179条4項）。

05

議会の本会議と委員会の関係は？

委員会制の基礎知識

委員会制・100条委員会

★☆☆

▽議会の委員会とは

議会が開会して本会議が進むと、今度は「委員会だ」といって、またもや職場が慌ただしくなります。この「委員会」は、議会の委員会のことを指しています。

全議案を全議員が出席する本会議で審議するのは、必ずしも効率的でありません。そこで、分野ごとに専門の委員会を設けて議案を割り振り、集中的に審査させ、その結果を本会議で報告させた上で、全議員で議決する仕組みとして「委員会制」を導入しました。

▽委員会の種類

委員会の設置は議会の判断に委ねられていますが（法109条1項）、ほとんどの議会で委員会が設けられています。委員会には、次の3種類があります。

(1) 常任委員会　それぞれに割り当てられた部門の事務に関する調査・審査を行います（法109条2項）。特定の事件の有無にかかわらず設けられます。

(2) 議会運営委員会　議会の運営に関する事項（議事の順序など）、会議規則・委員会条例等に関する事項（制定改廃など）、議長の諮問に関する事項（議会の広報活動など）について、調査・審査します（法109条3項）。

(3) 特別委員会　特定の事件を審査するために必要があるときに設置され、議会の議決により付議された事件を審査します（法109条4項）。予算や決算を審査する特別委員会が一般的ですが、後述する100条委員会や地域特有の問題を審査する委員会も特別委員会として設置されることがあります。

▽委員会審査

常任委員会で議案を審査する場合を例に、委員会審査の経過を見ていきます。

(1)付託　本会議で議案の審議がされた後、委員会で審査するために付託がされます。議会の判断により、委員会に付託せずに本会議で採決をすることもできます。

(2)審査　付託された議案を吟味する委員会の活動を「審査」といいます。一般的に、本会議よりも具体的で突っ込んだやり取りがされるので、委員会で答弁する職員（課長級の職員）はとても緊張します。

(3)採決　委員会は、一般的に「本会議で可決すべきか否か」を採決します。「継続審議すべき」が可決されると、議案は本会議に戻らず、次回の委員会審査に持ち越されるので、事実上、長の議案が足止めを食うことになります。

(4)委員長報告　審査の結果は、本会議で委員長によって報告されます。その委員会の委員でない議員は、委員長報告の内容を踏まえ、場合によっては委員長に質疑をした上で、議案に対する賛否を決めます。

▽１００条委員会

「１００条委員会」とは、特定の事件を審査するため、議会から自治法１００条１項の調査権（いわゆる１００条調査権）の委任を受けた特別委員会をいいます。

１００条調査権は、広く自治体の事務全般を調査対象とし、関係人の出頭、証言、資料の提出を求めることができます。理由なくこれらの求めを拒んだり、委員会に出頭して宣誓の上虚偽の証言をしたりした者には、罰則が適用される可能性があります。議会の権限としては切り札と言ってもよいほど強力な権限ですが、政務活動費の使途の問題など、議会内の問題を調査するために行使されることもあります。近年では、東京都議会において「豊洲市場移転問題に関する調査特別委員会」(平成29年2月22日)が設置されたことが報道され、大きな話題となりました。

06

政務活動費は、なぜよくニュースになるの？

政務活動費の意義と課題

政務活動費

★☆☆

▽今日もどこかで政務活動費

ニュース等を見ていると、政務活動費の不正に関する報道が後を絶ちません。報道によっては、政務活動費を「第2の報酬」などと呼び、あたかも政務活動費の制度自体が不正の温床であるかのようなニュアンスの評釈も少なくありません。

また、事件として報道されないまでも、住民から住民監査請求（3時間目4参照）や住民訴訟（3時間目2参照）が提起され、政務活動費の支出が適正であったのか否かが争われた事案は、数えきれないほどあります。

機会があれば、自治体職員向けの判例雑誌に目を通してみてください。毎号のように政務活動費に関する事案が掲載されています。

では、なぜ、政務活動費は、このように問題になってしまうのでしょうか。

▽そもそも政務活動費とは

「**政務活動費**」とは、**議員の調査研究その他の活動（政務活動）を行うために必要な経費の一部として自治体から交付される費用**をいいます（法100条14項前段）。

政務活動費を交付するか否かは各自治体の判断に委ねられており、交付することとした自治体では、交付の対象（議員か、会派か、両者か）、額、方法、交付対象となる経費の範囲などを条例で定めて政務活動費を交付します（同項後段）。

政務活動費は、いわば必要経費なので、支出していない分まで交付を受けられるわけではなく、所定の経費の範囲内で、使った分だけ交付を受け、使わなかった分は返還しなければなりません。そこで、政務活動費の交付を受けた会派または議員は、政務活動費の収支報告書を議長に提出することとされています（同条15項）。議長は、政務活動費の使途の透明性を図る義務（同条16項）を負っていることから、多くの自治体では、議長が必要に応じて収支報告書を調査し、その内容が適正であることを確認した上で長に提出するという事務が行われています。

▽事件の背景

政務活動費の不正が問題となった事件では、政務活動費が所定の経費以外の経費に充てられたのではないかが争われたものが大多数を占めます。政務活動には当たらない後援会活動の経費にうっかり充ててしまったというケースもあれば、意図的に、実際には行っていない視察の旅費（架空の支出）に充てたというケースも見受けられます。

これらの事件の背景には、所定の経費かそうではないのかの判断の難しさがあります。例えば、環境の専門書を購入することは、環境政策の研究（政務活動）と見ることもできるし、個人的な興味と見ることもできます。このように、その経費が政務活動によるものか、それ以外の活動によるものか、あるいは、重複するものなのかが一見して明らかではないケースも少なくありません。政務活動に当たるのか否かがはっきりしない経費に政務活動費を充ててしまうと、住民監査請求や住民訴訟で「不正使用」、「不正受給」などと糾弾されかねません。そして、その経費が所定の経費に該当するか否かは、最終的に裁判所の判決によって判断されることとなるのです。

▽議員活動の充実を

政務活動の不正を防止する方法としては、条例の文言の整備や事案の積み上げによる経費の範囲の明確化、収支報告書・領収書等の公開などがあります。現に、多くの議会でそのような取り組みが進んでいます。

その一方で、議員の報酬や政務活動費について、「貰いすぎではないか」「貰った分、働いてないのではないか」などといった批判もよく耳にします。しかし、報酬や政務活動費の額には自治体によって相当な幅があり、中には「これでは生活するのがやっとではないか」と思われるような額の報酬しか支給されない自治体もあります。

現実問題として、議員としての様々な活動には、私たちが想像する以上にお金がかかります。そうした議員の経済的負担を軽減するという意味では、政務活動費は、やはり重要な制度です。

結局、行きつくところは、議員は、適法適正な経費のために政務活動費の交付を受け、それに見合った議員活動を充実させていくことで住民の理解を得ていくしかありません。

もちろん、そのためには、私たちが住民として、また、自治体の職員として、政務活動費の使われ方や議員の活動をしっかりと知っておくことも不可欠です。

『「物知り」よりも「調べ上手」』

この本には、条文や定義がたくさん書かれています。これらはすべて、暗記しなくてはいけないのでしょうか？

いえいえ、そんなことはありません。覚えておいて損はありませんが、そうはいっても限界がありますよね。

自治体の業務は、「課が違えば別会社」といわれるほど幅広く、必要となる知識も必然的に幅広く、膨大になります。

そんな自治体業務の中で情報の見落としを防ぐコツは、知識の詰め込みよりも「調べ上手」になることです。

「調べ上手」になるために、日頃から次の点に気を付けてみてください。

○気になったことはすぐ調べてみる

ふと「あれ？　おかしくないかな」とか「似たような事件を専門書で見かけたような？」などと気になったときには、時間をかけなくても良いので、とりあえず調べてみましょう。

○インターネット検索のテクニックを磨く

今や自治体業務もインターネット検索なしでは立ち回りません。検索のテクニックを磨きましょう。

○その道のプロに聞いてみる

あなたの自治体にも、きっと経験豊富な「その道のプロ」の職員がいるはずです。一通り調べた上で相談すると、理解がより一層進みます。

おわりに

地方公務員の仕事は、退屈なルーチンワークばかりという評価もあれば、国や民間企業にも負けない活躍の機会があるという側面もあって、どんな職業かを一言で表現することは、とても難しいです。しかし、このことは逆に、どんな地方公務員になるのかは、自分自身でデザインすることができるということを意味しています。

私たちの先輩の中には、自分流の仕事術やワーク・ライフ・バランスを組み立てて、公務員とは思えないような輝きを放っている人がたくさんいます。そして、彼らに共通するのは、「職員の基本」「公務員の基本」「社会人の基本」をしっかりと身に付けた上で、個性や努力を上乗せして輝きを増していることです。

著者は、みなさんにこの「基本」をお伝えすることを念頭に本書を執筆しました。みなさんが、ぶれない基本を身に付け、輝く生き方をデザインすることに本書が少しでも役立つことができれば、著者にとってこれに勝る喜びはありません。

最後に、著者に「基本」を教えてくださった諸先輩方、著者を牽引してくださった株式会社学陽書房の松倉めぐみ様に御礼申し上げます。ありがとうございました。

著者紹介

【塩浜　克也（しおはま　かつや）】
1968年生。明治生命保険（現・明治安田生命保険）勤務を経て、1997年佐倉市入庁。財政部資産税課、企画政策部財政課等を経て、2016年より総務部行政管理課勤務。主な著書に『自治体の法規担当になったら読む本』（共著・学陽書房）、『法実務からみた行政法』（共著・日本評論社）、『月別解説で要所をおさえる！　原課職員のための自治体財務』（第一法規）がある。自治体学会会員。日本自治学会会員。

【米津　孝成（よねづ　たかのり）】
千葉県市川市職員。学歴・年齢の制限を撤廃した職員採用制度による採用の「1期生」として入庁。福祉部福祉事務所、議会事務局議事課、総務部法務課を経て福祉部市営住宅課勤務（令和元年度）。議会事務局実務研究会会員、かながわ政策法務研究会会員。

疑問をほどいて失敗をなくす

公務員の仕事の授業

2019年12月16日　初版発行
2024年７月26日　６刷発行

著　者　塩浜《しおはま》克也《かつや》　米津《よねづ》孝成《たかのり》
発行者　佐久間重嘉
発行所　学 陽 書 房
〒102-0072　東京都千代田区飯田橋1-9-3
営業部／電話　03-3261-1111　FAX　03-5211-3300
編集部／電話　03-3261-1112　FAX　03-5211-3301
http://www.gakuyo.co.jp/

ブックデザイン／スタジオダンク
DTP制作／ニシ工芸　　印刷・製本／三省堂印刷

ISBN 978-4-313-15109-3 C0034